PROCURATORIAL STUDY

检察研究

江苏省人民检察院◎组织编写　　编委会主任◎刘华

2021年 · 第4辑

法律出版社
LAW PRESS · CHINA
北京

图书在版编目（CIP）数据

检察研究. 2021年. 第4辑 / 江苏省人民检察院组织编写. -- 北京：法律出版社, 2021
ISBN 978-7-5197-6177-6

Ⅰ. ①检… Ⅱ. ①江… Ⅲ. ①检察机关－工作－中国－文集 Ⅳ. ①D926.3-53

中国版本图书馆CIP数据核字(2021)第228120号

《检察研究》2021年第4辑
《JIANCHA YANJIU》2021 NIAN DI 4 JI

江苏省人民检察院 组织编写

责任编辑 许　睿
装帧设计 李　瞻

出版发行 法律出版社
编辑统筹 司法实务出版分社
责任校对 朱轶佳
责任印制 胡晓雅
经　　销 新华书店

开本 787毫米×1092毫米　1/16
印张 7.75　　**字数** 155千
版本 2021年12月第1版
印次 2021年12月第1次印刷
印刷 永清县金鑫印刷有限公司

地址：北京市丰台区莲花池西里7号（100073）
网址：www.lawpress.com.cn
投稿邮箱：info@lawpress.com.cn
举报盗版邮箱：jbwq@lawpress.com.cn

销售电话：010-83938349
客服电话：010-83938350
咨询电话：010-63939796

书号：ISBN 978-7-5197-6177-6　　**定价**：35.00元

凡购买本社图书，如有印装错误，我社负责退换。电话：010-83938349

目录 Contents

企业合规

案例研究

主题研讨

论以危险作业罪规制非法经营汽油行为

张红梅　马荣春*

摘要:《刑法修正案(十一)》所增设的危险作业罪,能够涵摄无证经营、储存汽油行为。这使《刑法修正案(十一)》出台前,该类行为只在非法经营罪存在争议的状况下发生变化。《刑法修正案(十一)》出台后,非法经营汽油究竟是继续认定非法经营罪,还是按《刑法修正案(十一)》的新设罪名认定危险作业罪,这涉及解释者对待"实际法律渊源"的立场。在"务实"接纳"实际法律渊源"的基础上,也应当承认刑法条文修正所具有的更高的位阶性。加之危险作业罪规制非法经营汽油行为更符合罪责刑相适应原则和从旧兼从轻原则,对该类行为应以危险作业罪论处。

关键词:非法经营罪　危险作业罪　《刑法修正案(十一)》　"实际法律渊源"

在《刑法修正案(十一)》之前,非法经营汽油的定罪问题一直在非法经营罪下讨论,但随着《刑法修正案(十一)》增设危险作业罪,[①]对该类行为如何规制和适用仍存争议,[②]这正是本文需要研究和厘清的。

---

* 张红梅,江苏省东海县人民检察院副检察长;马荣春,南京航天航空大学法律系教授,法学博士。

① 《刑法修正案(十一)》在《刑法》第 134 条后增加一条,作为第 134 条之一:"在生产、作业中违反有关安全管理的规定,有下列情形之一,具有发生重大伤亡事故或者其他严重后果的现实危险的,处一年以下有期徒刑、拘役或者管制:(一)关闭、破坏直接关系生产安全的监控、报警、防护、救生设备、设施,或者篡改、隐瞒、销毁其相关数据、信息的;(二)因存在重大事故隐患被依法责令停产停业、停止施工、停止使用有关设备、设施、场所或者立即采取排除危险的整改措施,而拒不执行的;(三)涉及安全生产的事项未经依法批准或者许可,擅自从事矿山开采、金属冶炼、建筑施工,以及危险物品生产、经营、储存等高度危险的生产作业活动的。"

② 参见陈兴良:《非法经营罪范围的扩张及其限制——以行政许可为视角的考察》,载《法学家》2021 年第 2 期。

一、非法经营汽油构罪的理论争议

因极度欠缺安全生产经营的必须资质,非法经营汽油的行为具有严重的社会危害性。

(一)非法经营汽油行为的现状及其社会危害性

汽油的批发零售经营基本由中石化、中石油两大国企垄断,并在高速公路、国道、省道等道路上设置加油站点,实施连锁经营。但在县乡道路上却很少设置连锁经营站点,其设置的密度远远不能满足群众的生产生活需求,特别是乡村的车辆加油更是不便。因此,人民群众迫切需要就近开设加油站点。有需求就有市场,也就有人发现“商机”。但根据 2006 年商务部颁布的《成品油市场管理办法》(商务部令 2006 年第 23 号)的规定,申请成品油零售经营资格条件非常严格,且只限于企业,不允许个人申请。2008 年国家发改委、商务部《关于民营成品油企业经营有关问题的通知》(发改经贸〔2008〕602 号)规定中更是严格控制审批新建零售加油站。因此,在乡镇设立正规加油站更是难上加难,于是便出现了无证经营汽油的现象。有的是合法柴油零售点私自增加销售汽油,有的完全是无证经营,在路边或者在僻静的院子里安装两台加油机和一个储油罐就开张营业。这些非法加油点的设立一定程度上方便了群众的生活,但其不规范经营所带来的危害也显而易见,如油品来源渠道缺乏监管、质量难以保证、低价抢占市场份额扰乱市场秩序、经营人员缺乏安全防范意识、加油点未配备规范的消防设备易引发安全事故、向他人销售不符合安全标准的汽油及汽油无序外流引发其他犯罪,等等,这些危害后果表明非法经营汽油的行为有必要用刑法来加以规制。

(二)以非法经营罪论处的争议

如宋某 1 非法经营汽油案①中,被告人宋某 1、宋某 2 在未取得《危险化学品经营许可证管理办法》及《成品油零售经营批准证书》的情况下,于 2010 年 9 月至 2012 年 6 月间,共同在东海县某镇某村南设置加油点,多次向他人销售汽油,非法经营额达人民币 1, 179, 108 元。案发时,我国刑法对此类行为并无针对性的立法,所以个罪争议主要集中在其是否应当以非法经营罪论处。

本文在此处暂时“撇开”司法解释作为实际法律渊源的效力,而首先对《刑法》第 225 条本身进行合理性分析。《刑法》第 225 条对行为类型的规定分为四项:“(一)未经许可经营法律、行政法规规定的专营、专卖物品或者其他限制买卖的物品的;(二)买卖进出口许可证、进出口原产地证明以及其他法律、行政法规规定的经营许可证或者批准文件的;(三)未经国家有关主管部门批准非法经营证券、期货、保险业务的,或者非法从事资金支付结算业务的;(四)其他严重扰乱市场秩序的非法经营行为。”

首先需要明确的是,非法经营汽油的行为属于哪一项?商务部《成品油市场管理办

---

① 宋某 1 非法经营汽油案,江苏省东海县人民法院(2013)东刑初字第 0125 号刑事判决书。

法》《国务院对确需保留的行政审批项目设定行政许可的决定》等文件是否属于《刑法》第225条第1项规定的"法律、行政法规"？非法经营罪被批评为"口袋罪"，正是因为"国家规定"能够涵摄的范围太广泛，难以清晰界定。这两个问题本质上都源于此。具体到该案，根据对"国家规定"的不同理解[①]，形成了三种意见：第一种意见是无证经营汽油的行为属于《刑法》第225条第1项的"未经许可经营法律、行政法规规定的专营、专卖物品或者其他限制买卖的物品的"，因为《行政许可法》第12条第1项、第2项规定了需要设置行政许可的两种经营行为：一是国家安全、公共安全等涉及人身健康、生命财产安全等经营活动；二是有限自然资源开发利用、公共资源配置等行业。《国务院对确需保留的行政审批项目设定行政许可的决定》是根据《行政许可法》第12条、第14条的规定而制定出来的。《成品油市场管理办法》第3条规定，国家对成品油经营实行许可制度，并在第4~6条中作出细节性规定。这种意见体现在2008年12月1日最高人民法院刑事审判第二庭出台《关于对未经行政许可审批经营成品油批发业务是否构成非法经营罪的意见》（〔2008〕刑二函字第108号），[②]该意见认为，珠海某石油化工公司在未取得合法有效的《成品油批发经营批准证书》的情况下，进行成品油批发经营，可以非法经营罪追究刑事责任。第二种意见是无证经营汽油的行为可适用《刑法》第225条第4项规定，属于"其他严重扰乱市场秩序的非法经营行为"。此意见的根据是《国务院对确需保留的行政审批项目设定行政许可的决定》不直接属于"法律、行政法规"，因为此处的"法律"系狭义的法律，指按照《宪法》《立法法》规定的立法程序，经全国人民代表大会及其常务委员会通过的制定法。第三种意见是无证经营闭杯闪点>60℃柴油的行为不构成犯罪，但根据国务院《危险化学品安全管理条例》，无证经营≤60℃柴油或者煤油的行为也可适用《刑法》第225条第1项规定。这种观点背后的立场是，《刑法》第225条实际上将保护限定在"法律、行政法规规定的专营、专卖物品或者其他限制买卖物品"范围内。[③]

二、非法经营汽油定罪的实践困境及成因

实践部门在以非法经营罪认定非法经营汽油行为时面临法律适用障碍，一是将"违反国家规定"限缩至何种程度存在争议，二是"国家规定"的内涵本身也并非处于变动不居的状态。

---

① 参见陈兴良：《刑法的明确性问题：以〈刑法〉第225条第4项为例的分析》，载《中国法学》2011年第4期；潘志勇、陶李盈：《非法经营罪"限制买卖物品"的边界与认定——涉"成品油"非法经营案的实践反思》，载《法治论坛》2019年第2期。

② 参见李立众编：《刑法一本通——〈中华人民共和国刑法〉总成》（第15版），法律出版社2021年版，第379页。

③ 以上意见分歧的整理参见王志远主编：《刑法学案例研究指导》，中国政法大学出版社2019年版，第4~7页。

（一）非法经营汽油定罪的实践困境

2012 年，公安部经济侦查局批复认为无证经营汽油的行为构成非法经营罪，①并在全国范围内开展破案会战行动。2012～2013 年某县公安机关曾集中查处 23 人无证经营汽油，并以非法经营罪移送审查起诉，依据是 2008 年最高人民法院的〔2008〕刑二函字第 108 号意见。② 实际上，汽油因燃点较低，还被纳入危险化学品范围。按照 2011 年国务院颁发的《危险化学品安全管理条例》（国务院令第 591 号）规定，未经许可，任何单位和个人不得经营危险化学品，违者应当认定为"违反国家规定"。因此，非法经营汽油的行为只要经营数额达到 5 万元即按非法经营罪查处。但在实践中，大量的无证经营者系零售行为，在适用《刑法》第 225 条时是否认定为"违反国家规定"存在争议。实践中的一种方案是，对既无柴油经营许可证也无汽油经营许可证的以非法经营罪定罪处罚，对持有柴油经营许可证同时销售汽油的，参照最高人民法院《关于被告人李明华非法经营请示一案的批复》（〔2011〕刑他字第 21 号）的意见，属于超范围经营，不宜按照非法经营罪处理，而应由有关主管部门进行处理。以笔者所在地区为例，对持有柴油经营许可证的经营者全部不以犯罪论处，只对两证皆无的以非法经营罪定罪处罚 4 人。2014 年至 2020 年上半年因无证经营汽油被以非法经营罪判刑的有 4 人，相对不起诉的有 1 人。③

（二）保护法益的层次分化

如前所述，实践部门在非法经营汽油行为适用非法经营罪问题上存在争议：一是该行为是否因"未经许可经营法律、行政法规规定的专营、专卖物品或者其他限制买卖的物品"而构罪，即该罪侵害法益是否局限于专营专卖的特许制度。这种态度体现在 2008 年最高人民法院刑事审判第二庭〔2008〕刑二函字第 108 号中，即认为非法经营汽油行为是对特许制度的侵害。二是该行为是否因属于《刑法》第 225 条第 4 项的规定即"其他严重扰乱市场秩序的非法经营行为"而构成非法经营罪。

实际上，学界对非法经营罪的保护法益究竟限缩至何种程度也处于莫衷一是的状态。作为"口袋罪"的代名词，非法经营罪常在立法层面上被抨击。但作为解释者，对非法经营罪的立法优劣应尽量不予置评。在解释学的立场上，通过刑法解释尽量明确"口袋罪"的边界、寻找立法的正当性，是更重要的任务。在非法经营罪入罪范围的明确化过程中，该罪保护法益从明确到模糊，呈现出明显的层次性。在核心层次，根据《刑法》第 225 条第 1 项规定，非法经营罪的保护法益包括国家专营、专卖制度；核心层次之外，非法经营罪的保护法益是国家管控市场经营的"许可制度"；但根据第 4 项的兜底条款，"许可

---

① 公安部经济犯罪侦查局：《关于对未经行政许可零售经营成品油行为是否构成非法经营罪的批复》（公经〔2012〕106 号）。

② 参见李立众编：《刑法一本通——〈中华人民共和国刑法〉总成》（第 15 版），法律出版社 2021 年版，第 379 页。

③ 根据东海县检察机关 2014－2020 年办案数据统计。

制度"之外,非法经营罪的保护法益显得无穷无尽,可以概括为"一般性的市场秩序"。相关规定逐渐增加了第4项的具体情形,而这些具体情形难以抽象出同质性的保护法益。①这一事实说明非法经营罪的入罪目的是具有层次性的:一是保护专营专卖制度;二是保护许可制度;三是保护一般性市场秩序。另外,行政法意义上的"许可"和国家对经营行为的"允许"在对该罪名的解释中有一定程度的混淆。无论是司法解释列举的经营范围还是司法实践的典型判决都说明,从行为类型("经营"的范围)上限制该罪的适用,以求缩小入罪边界是困难的。

(三)"国家规定"具有不稳定性

2019年国务院办公厅下发《关于加快发展流通促进商业消费的意见》(国办发〔2019〕42号,以下简称《意见》),《意见》规定取消石油成品油批发、仓储经营资格审批,并将成品油零售经营资格审批下放至地市级人民政府。2020年7月,为深化落实"放管服"改革工作的要求,商务部废止了《成品油市场管理办法》。违反成品油(特别是汽油)经营管理不再是"违反国家规定",故一般不再以非法经营罪定罪处罚非法经营汽油行为。不过,汽油是危险品,如果依据2011年国务院颁发的《危险化学品安全管理条例》,非法经营汽油行为仍然应当认定为"违反国家规定",所以依照非法经营罪处罚违反者仍有一定道理。但是,违反该条例规定的行为所侵犯的法益主要不是市场许可秩序,而是公共安全。从法益侵害角度看,应考虑认定为危害公共安全类犯罪。"最高人民检察院专家组在检答网答复地方检察院时认为:《意见》规定扩大成品油市场准入,对成品油相关政策的理解及非法经营罪的认定将带来一定的影响或变化。对此类案件的适用法律问题,建议根据《最高人民检察院办理下级人民检察院请示件暂行规定》,以院名义逐级向最高人民检察院书面请示。"②根据上述情况,对于违规非法经营成品油的行为,若以非法经营罪予以追究,在检察办案环节,当前须逐级请示最高人民检察院。

(四)以其他罪名处罚尝试的困惑

不以非法经营罪追究,公安机关对无证经营汽油者只能进行行政处罚,但行政处罚的教育效果和震慑力不足以达成目的。如在多次处罚无效后,笔者所在地公安机关决定以其他危险方法危害公共安全罪对杜某某无证经营汽油、煤油案立案查处。杜某某位于县城某小学西侧的润滑油门市,既无成品油经营许可证又无危险化学品经营许可证,只准备少量砂土作为安全防范措施,长期大量违法经营汽油、煤油。经某质量检测中心检验,该煤油闭口闪点为47℃,安全生产管理部门根据《危险化学品目录(2015年版)》相关规定,判定其经营的汽油、煤油为危险化学品。公安机关认为,杜某某违规生产、经营、储

---

① 参见《最高人民检察院、公安部关于公安机关管辖的刑事案件立案追诉标准的规定(二)》(公通字〔2010〕23号)第79条;周光权:《刑法各论》,中国人民大学出版社2016年版,第321~325页;张明楷:《刑法学》,法律出版社2016年版,第839~842页。

② 参见王勇:《刑法修正案(十一)的蝴蝶效应》,载《检察日报》2020年12月31日,第3版。

存汽油和“闭杯闪点≤60℃的煤油”等危险化学品经过行政处罚仍不改正，且该地点附近有学校、加油站、液化气站等设施，具有发生重大伤亡事故或者其他严重后果的现实危险，故以其他危险方法危害公共安全罪提请逮捕。检察机关经审查认为，杜某某在学校、加油站附近无证经营危险化学品，未配备规范的消防设施，对周边的公共安全确实具有发生重大伤亡事故或者其他严重后果的现实危险性，但是否与放火、决水、爆炸等方法的危险程度相当，是否具有高度的危险性和紧迫性以及发生严重危险性的概率均无法量化评估，目前该加油点的经营行为只是造成周边人的精神高度紧张，检察机关认为以其他危险方法危害公共安全罪论处事实不清、证据不足，故未批准逮捕。公安机关也认可其危险性达不到放火、决水等危险方法的紧迫程度。但该类经营行为成为行政机关执法的一大难点，始终难以遏止。

三、《刑法修正案(十一)》出台后非法经营汽油的规制路径

《刑法修正案(十一)》出台后，对非法经营汽油行为能否以危险作业罪定罪处罚仍然没有定论。目前公开查到的只有江苏省南通市崇川区人民检察院以危险作业罪提起公诉的一起非法经营汽油案，该案系因使用流动加油车在小区附近加油时引发火灾作为“现实危险”的认定依据，其他没有引发后果的均未见起诉判决。笔者认为，不论是否引发后果，均应以危险作业罪来规制非法经营汽油行为。如果在严重危害后果发生后才入罪，会造成不可估量的损害。《刑法修正案(十一)》对一系列“实际法律渊源”产生了影响，故对非法经营汽油行为的规制路径应当建立在解释者对待“实际法律渊源”的态度上。

(一)《刑法修正案(十一)》与“实际法律渊源”的冲突

“实际法律渊源”是指在司法实践中实际规范司法裁判的法律文本，包括司法解释(性文件)、权威判例、普通类案和司法政策性文件等。同时，本文提及的文件很多并不属于司法解释或司法解释性文件，所以提出“实际法律渊源”的概念以准确界定之。[①] 受制于罪刑法定原则，最狭义的刑法渊源自然是刑法典，但上述列举的文本事实上充当着中国刑事司法实践的法律渊源。在非法经营汽油的问题上，无论是保护法益的层次分歧还是实践部门的观点分歧，都体现了不同解释主体对司法解释(性文件)实际法律渊源功能的不同态度。认同“实际法律渊源”的解释者更倾向于将上级机关的文件等价于狭义的法律渊源，而认为非法经营罪仅保护特许制度的解释者则倾向于直接与刑法条文“对话”，即对“实际法律渊源”采取批判的态度。

如果刑法修正案被理解为填补法律漏洞的立法模式，那么《刑法修正案(十一)》至少已间接否定了以下“实际法律渊源”：(1)2008 年最高人民检察院、公安部《关于公安机关

---

① 参见聂友伦：《司法解释性质文件的法源地位、规范效果与法治调控》，载《法制与社会发展》2020 年第 4 期。

管辖的刑事案件立案追诉标准的规定(一)》将刑法规定的“甲类传染病”解释为“甲类或者按照甲类管理的传染病”,明显扩大了《刑法》第330条的适用范围。由于“甲类传染病”是一个封闭概念,而“按照甲类管理的传染病”(如COVID-19)只是将该类传染病类比为“甲类传染病,属于类推解释。《刑法修正案(十一)》将《刑法》第330条修改为引起甲类传染病以及依法确定采取甲类传染病预防、控制措施的传染病传播或者有传播严重危险的……”[①](2)2019年1月8日最高人民法院、最高人民检察院、公安部《关于依法惩治妨害公共交通工具安全驾驶违法犯罪行为的指导意见》(公通字〔2019〕1号)规定,暴力危及安全驾驶行为以“以危险方法危害公共安全罪”论处。《刑法修正案(十一)》出台后,《刑法》第133条之二将同类行为归属于妨害安全驾驶罪,且以“危及公共安全”为要件,其中“危及”与“危害”体现了两罪危险程度的差别。[②]

2019年10月21日最高人民法院《关于依法妥善审理高空抛物、坠物案件的意见》(法发〔2019〕25号)认为,高空抛物应以“以危险方法危害公共安全罪”论处。该意见将以危险方法危害公共安全罪的危险类型由具体危险转变为抽象危险,扩大了该罪的入罪范围。《刑法修正案(十一)》出台后,《刑法》第291条之二则将该类行为归属于高空抛物罪,并设置了“情节严重”的要件。此外,“贺某奎案”非法行医罪的定性与《刑法》第336条之一的非法植入基因编辑、克隆胚胎罪冲突,而《关于办理操纵证券、期货市场刑事案件适用法律若干问题的解释》(2019)与《刑法修正案(十一)》对操纵证券、期货市场罪的调整也发生冲突,表现在:《刑法修正案(十一)》第十三条规定只要实施该条规定的操纵证券、期货市场行为就构成操纵证券、期货市场罪,排除了同时进行相关交易或者谋取相关利益的条件,属于扩大了入罪范围。种种例证不一而足。[③]

(二)解释立场的选取

将司法解释转换为刑法修正案的内容已经成为刑法修正的惯常模式。尽管《刑法修正案(十一)》与前述“实际法律渊源”存在事实上的抵牾,但这些“实际法律渊源”并未同时废止。就刑法解释学的文本基础而言,这带来了两种不同的解释立场:第一种立场是认可前述“实际法律渊源”继续有效。在这一立场上,“实际法律渊源”仍然具有规范效力,《刑法修正案(十一)》也不能否定其规范效力,反而需要在法律解释上恰当地衔接“实际法律渊源”。例如,《关于依法惩治妨害公共交通工具安全驾驶违法犯罪行为的指导意见》与《刑法》第133条之二妨害安全驾驶罪将同类行为归属于不同罪名之下,就需要将其解读为法条竞合或危险类型不同的罪名。第二种立场是根据法律渊源的层级、新旧,否认前述“实际法律渊源”的效力,因为新法优先于旧法,狭义上的法律效力层级也高

---

① 参见冯军:《危害公共卫生行为的刑法防治——以〈刑法修正案(十一)〉的相关规定为中心》,载《法学》2021年第2期。

② 参见张明楷:《〈刑法修正案(十一)〉对司法解释的否认及其问题解决》,载《法学》2021年第2期。

③ 参见张明楷:《〈刑法修正案(十一)〉对司法解释的否认及其问题解决》,载《法学》2021年第2期。

于其他规范性文件。依此立场,前述最高人民检察院、公安部《关于公安机关管辖的刑事案件立案追诉标准的规定(一)》《关于依法惩治妨害公共交通工具安全驾驶违法犯罪行为的指导意见》《关于依法妥善审理高空抛物、坠物案件的意见》《关于办理操纵证券、期货市场刑事案件适用法律若干问题的解释》中的部分条款都已自然地归于无效,而这为解释新设罪名扫清了障碍。

"实际法律渊源"是否可以批判?它们是刑法解释的论据还是刑法解释的文本或对象?这种分歧早已存在于刑法解释的学术讨论中。[①] 此处的立场分歧反映了解释者对待法律渊源的不同态度。一种现实主义的观点在事实上认可实际法律渊源的效力,表现为学术解释活动中"对司法解释的解释";另一种观点则只认可《刑法》条文作为刑法解释文本基础的地位,表现为学术上对司法解释正确与否的评判。在刑法解释学理念提出之际,立法论与解释论的区分十分关键。现如今,随着"实际法律渊源"与《刑法》条文的冲突,解释论对文本基础的区分也具有基础意义,但这一立场前提往往并未得到清楚说明。刑法解释学首先应当区分立法论与解释论,其次还需说明刑法解释的文本基础是最接近"圣经"的《刑法》条文还是包括与《刑法》条文存在冲突的"实际法律渊源"?如果纯粹考虑法治理念,确立刑法解释的文本基础需要考虑以下因素:第一,该法律渊源是否充分符合民主程序。鉴于刑法的严厉性,对民主程序应当作出最严格的限制理解,即只将其理解为最高立法机关的立法活动。第二,该法律渊源是否具有较强的稳定性。"法律修改一个字,整个图书馆变成废纸堆"在某种程度上并非危言耸听。因此,刑法解释的文本基础需要具有稳定性。从这一角度来看,只将《刑法》条文视为刑法解释基础文本的立场当然具有正当性。然而,法律是实践知识,法律并不存在于真空。由于上述"实际法律渊源"在司法实践中往往有超过《刑法》条文的实际效力,在尊重司法实践的理念下,该解释立场更"务实"地迎合司法实践,其正当性论证是社会实践的基本需求,或者说是从合理性中寻获正当性。

以上两种立场的正当性论证是不同的,但都具有说服力。不过,两种立场的表达不应发生错乱,例如,根据自己的解释理念有选择地裁剪"实际法律渊源",用"为我所用"的态度对待"实际法律渊源"的正当性。面对"实际法律渊源",解释者应当首先表明自身看待刑法解释基础文本的视角,是严格地遵从法治理念还是务实地面对司法实践,以此保证刑法解释的对话、探讨处在同一语境之下。基于实践理性的立场,本文认可"实际法律渊源"的重要地位,但"务实地"对待"实际法律渊源"应当遵循以下步骤:第一,应当推定"实际法律渊源"需要解释者认可;第二,刑法修正后,则应当优先承认新法的效力,即与之冲突的"实际法律渊源"都归于无效。

---

① 参见刘宪权、黄楠:《刑法修正案(十一)新增罪名规定的溯及力问题》,载《人民法院报》2021 年 5 月 27 日,第 6 版;刘宪权:《刑法司法解释与刑法的冲突适用》,载《法学论坛》2020 年第 6 期。

具体到本文讨论的话题,若《刑法》第 134 条之一的危险作业罪能够更恰当地规制非法经营汽油行为,则应当否定司法解释性文件将非法经营汽油定性为非法经营罪的路径。根据《刑法》第 134 条之一,非法经营汽油的行为符合危险作业罪的构成要件:第一,行为在生产、作业中违反有关安全管理的规定;第二,行为具有发生重大伤亡事故或者其他严重后果的现实危险;第三,行为人未经许可,擅自经营、储存危险物品。此外,以危险作业罪定罪处罚非法经营汽油行为,更符合罪责刑相适应原则。刑法增设第 134 条之一的新罪,根据从旧兼从轻原则,《刑法修正案(十一)》的规定将彻底改变目前司法实践中将无证非法经营危化品认定为非法经营罪的论证思路。新罪更符合此类行为实质侵害的法益,并与《危险化学品经营管理条例》相衔接,形成高低有序的法律体系。从立法表述看,《刑法修正案(十一)》增设的第 134 条之一即危险作业罪,是具体危险犯,属于轻罪,最高刑只有一年有期徒刑,相较于非法经营罪的刑期更加轻缓,且与危险物品肇事罪、以其他危险方法危害公共安全罪等具有实害结果的罪名刑期设置更加协调。

四、结语

非法经营汽油的入罪问题在《刑法修正案(十一)》颁布前后面临着不同的理论障碍,但《刑法修正案(十一)》并未改变解释者对待该罪的矛盾态度——或是只认刑法条文或是一并认可“实际法律渊源”。对非法经营罪“口袋化”的批评实际上也是对支撑非法经营罪“口袋化”的司法解释的批评。对“实际法律渊源”的立场纠葛应当予以澄清,即原则上认可“实际法律渊源”的地位,所以,《刑法修正案(十一)》出台前,将非法经营汽油行为认定为非法经营罪具有合理性,而在《刑法修正案(十一)》出台后,则应当认可位阶更高的刑法条文,相应地,与之冲突的“实际法律渊源”应归于失效。这不仅是从旧兼从轻原则的实践体现,也是贯彻《宪法》《立法法》对法律位阶的实际安排。

刑事司法实践中劣药的认定与区分

——一个法律解释上的论证

刘兆东　康俯上　刘春波*

摘要:《刑法修正案(十一)》中对2017年《刑法》第142条生产、销售劣药罪进行了删改,即将"本条所称劣药,是指依照《中华人民共和国药品管理法》的规定属于劣药的药品"从条文中予以删除。删除之前《药品管理法》中对劣药的定义是外延性概念,虽具有可操作性,但概念本身并不周延,具有局限性。这就造成了法律适用中的混乱,出现将劣药与假药认定的混同,频繁适用兜底条款等现象。对该法律概念重新解释,首先从法律渊源角度进行考察,接着采用法律解释的方法对劣药进行详细论证,最后对论证得出的法律解释结果在具体个案中加以运用,得出司法实践中应当把握的条件与标准,从而使劣药的概念清晰化,并使之能够在司法实务中加以灵活运用,以增加其法律适用性,达到法的安定性,实现法秩序内部的统一。

关键词:《刑法修正案(十一)》　劣药　法律概念　法律解释

一、劣药作为法律概念的沿革

劣药作为一个法律概念,最高出现在1984年的《药品管理法》中,该法采用列举式定义的方法,于第34条中规定:"禁止生产、销售劣药。有下列情形之一的药品为劣药:一、药品成分的含量与国家药品标准或者省、自治区、直辖市药品标准规定不符合的。二、超过有效期的。三、其他不符合药品标准规定的。"随后,全国人民代表大会常务委员会为弥补刑法中该规范的空缺,在1993年出台了《关于惩治生产、销售伪劣商品犯罪的决定》,对刑法进行了补充,规定了生产、销售劣药的法律条款,同时规定刑法上的"劣药"

* 刘兆东,江苏省宿迁市人民检察院党组成员、副检察长;康俯上,江苏省宿迁市人民检察院第一检察部检察官助理;刘春波,江苏省宿迁市人民检察院第二检察部检察官助理。

适用《药品管理法》中的定义,[①]这是劣药作为刑事法律概念正式入刑,但却引用了行政法的定义。1997 年刑法第 142 条中规定生产、销售劣药罪,并继续沿用该决定中关于劣药的定义。以后的二十多年里,法律法规多有变更或改变,但对该定义的规定没有改变。直至《刑法修正案(十一)》将该定义予以删除,从此"劣药"便摆脱了行政法律的定义,进入了刑事法律解释的空间。

二、劣药作为刑事法律概念认定的现状

究竟何为"劣药",学界、实务界,乃至医学界对此定义争论很大,观点也众说纷纭,主要观点有以下几点:

1. 劣药和假药是同一概念,不应作二元对立区分。认为劣药属于假药的观点占大多数,这类观点认为我国刑法中原本没有"劣药"的概念,也并不存在单独的有关劣药的犯罪,所谓的"劣药"实际上包含在"假药"的概念中。将假药和劣药予以区分,来源于《药品管理法》的规定,而这一区分又直接影响刑法罪名的设置,使刑法从原本单一假药犯罪中分离出独立的劣药犯罪,由此形成假药、劣药二元分立的格局。[②] 也就是说,劣药属于假药的一种情形,人为地对假药进行精细化设置,并没有使两者更易区分,反而导致了司法实践中的认识误区,即往往分不清何为假药、何为劣药,造成了司法中一定程度上法律适用的混乱。

2. 劣药的定义来源于行政法律规范,不属于规范的刑法定义。正如上述所指出的,劣药的定义来源于行政法律,后被全国人民代表大会常委会使之刑法化后,才被作为一个概念引入刑事法律中。作为行政法律的概念,被引入基本法律规范中,即将下位法中的某一概念引入上位法中,是否有违"位阶适用原则",有待商榷。《刑法修正案(十一)》将该定义予以删除,有利于法秩序的统一,从而实现法的安定性。此外,该定义属于列举式定义,并没有区分假药和劣药的不同之处。同时,《刑法》第 141 条规定的假药条款也引用了《药品管理法》中的假药定义。在此层面上来说,假药和劣药的概念区分也仅仅是行政法律上的区别,和刑法无关。因此,用纯行政法律的概念来替代刑法中的词语概念,有立法上的"偷懒"之嫌。

3. 劣药认定的范围不够清晰,司法实践中不易操作。《药品管理法》中劣药是以成分含量为主要认定标准,并以列举的方式对劣药进行分类处理,其中第 7 项为兜底条款。[③]

---

① 该决定第 2 条第 2 款明确规定,生产、销售劣药,对人体健康造成严重危害的,处三年以上十年以下有期徒刑,并处罚金;后果特别严重的,处十年以上有期徒刑或者无期徒刑,并处罚金或者没收财产。第 3 款规定,本条所称劣药,是指依照《中华人民共和国药品管理法》的规定属于劣药的药品。

② 参见桂亚胜:《刑法中假药劣药二元分立之否定》,载《医学与法学》2018 年第 6 期。

③ 2019 年修订的《药品管理法》中第 98 条规定,有下列情形之一的,为劣药:(1)药品成分的含量不符合国家药品标准;(2)被污染的药品;(3)未标明或者更改有效期的药品;(4)未注明或者更改产品批号的药品;(5)超过有效期的药品;(6)擅自添加防腐剂、辅料的药品;(7)其他不符合药品标准的药品。

作为形式分类标准,有的学者认为该分类标准混乱,极易与假药的分类相重叠、混淆。同时,该标准并没有充分考虑到我国药品的实际使用情况,即使用的药品,既有西药这样的化学制剂,又有中医药、民族药、地方药等。换言之,药品的来源不具有唯一性,而是具有多样性。在美国,中药没有被列入药品管理,故就没有我国认定上的难题。但中医药又在我国切切实实地发挥作用,如本次新冠肺炎的医治过程中,采用中药方取得了巨大的效果。但在法律认定上,如果对西药之外的传统医药进行是否为劣药的评判,光靠上述的列举式定义就略显单薄,不能有效地确定法律概念的内涵和外延。这就加大了实务中对劣药认定的难度,使司法人员难以区分劣药和假药,在具体案件中进退失据,使该条款长期处于休眠状态。

三、运用法律解释方法对劣药的认定

本次《刑法修正案(十一)》将沿用二十多年的定义予以删除,删除之后司法实践中如何操作,司法工作者面临着较大的困境。一方面,如果继续使用以往的定义,则不符合刑法修改的立法精神。也就是说,既然已将该劣药定义予以删除,就是在立法上宣示该定义不予使用。另一方面,虽然该定义有缺陷,但毕竟有可参照的意义。一旦在实践中完全抛弃,则会让司法人员失去"法律之锚",感到无所适从,对劣药的定义再次陷入"麦田怪圈"之中。因此,这就有必要对该定义予以审慎细致地考察,并从法学方法论中发现其真实含义,给司法实务以切实有效的指导。下面,笔者将利用法律解释的方法,从中寻找到关于劣药的定义。当然,法律解释是一个论辩性的选择和决定过程。这一过程常常需要照顾到不同的、相互竞合的目的,并且原则上要努力在相互竞合的不同利益之间达成让人认为是公正的妥协,并且在这一前提下实现效益的最大化。①

1. 语义学解释的必要性。具体到劣药的语义时,可以看到其在语义上有着较多的模糊之处,不然不会引起上述巨大的争议。在将法律概念中的劣药清晰化之前,需先从"劣"的日常用语中开始。"劣"在汉语中有三重含义:一是弱小之义,等同于弱,与"强"相对。二是不好之意,与"优"相对。三是副词。② 可见,在使用药物过程中,常应用的是第二种含义,即优劣是一对语义学范畴。而"假"在汉语中的含义与"真"相对,古代汉语中是"伪或赝"之义。③ 也就是说,真假是一对范畴,或者说真伪是一对范畴。由此可以得出假药和劣药不是一对范畴,二者之间不存在范畴关系。(逻辑关系如下图所示)

① 参见[德]齐佩利乌斯:《法学方法论》,金振豹译,法律出版社 2009 年版,第 85 页。

② 参见王力等编著:《古汉语常用字字典》(第 5 版),商务印书馆 2016 年版,第 250 页。

③ 参见王力等编著:《古汉语常用字字典》(第 5 版),商务印书馆 2016 年版,第 185 页。

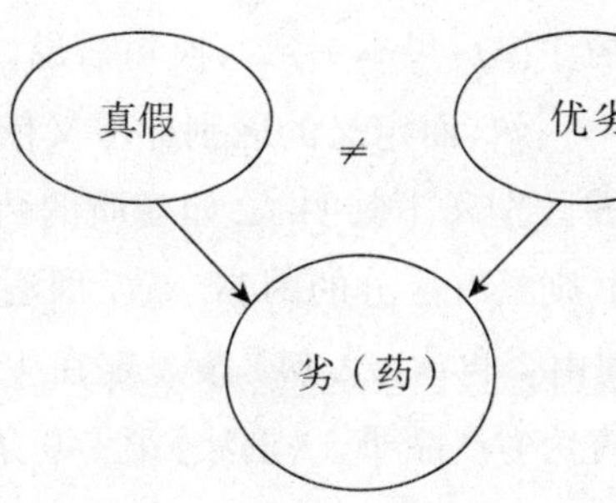

具言之，真假是一对范畴，是以有无的方式而存在；优劣是一对范畴，是以程度上的多少作为区分的要素，这两对范畴属于不同层面上的考量或评价指标。在药物中，优的一定是真的，而劣中可能有假，也可能有真。劣药在真药和假药之间，属于中间灰色地带，是词语在法律适用中的模糊之处，是复数解释的空间。当采用语义学解释时，必然涉及凯尔森的框理论。即在"框"内有"复数解释之可能性"者，始足当之。所谓"框"者，对依据法律独立审判之法官而言，原则上即指法律也。① 换言之，框之中心，内涵最为明确，而越至外延周围，则语义学越发模糊朦胧，而在该模糊处，则存在复数解释的可能性。正因为劣药中可能有真药，也可能有假药，所以以往认为刑法中对假药、劣药进行二元对立区分的观点是错误的。该观点混淆了两对范畴，将二者等同起来，造成了认识论上的错误。

2. 体系解释的客观性。体系解释的要义在于将规范置于整个法律体系中加以考量，以求对一项规范的解释应尽可能使其与整个法秩序追求的目的和正义观念保持一致。②首先，将劣药放置于2017年刑法的第142条内部加以解释。2017年《刑法》第142条共有两个条款：第1款为生产、销售劣药罪的法律规范，该规范由初级规范（事实要件）和次级规范（后果要件）构成，形成了一个完整的规范模式。第2款应为注意规定，属于补充性规定，其并没有对基本规定做出任何修正与补充，只具有提示性，③即其是对第1款中劣药的定义予以清晰化，也提示司法人员在适用该第1款规定时，应注意对劣药定义的引用与区分。但对《药品管理法》中第98条中关于劣药规定进行内部考察时，发现第（3）（4）（6）项又为法律拟制条款，即将某一事实T1立法规定为法律事实T。该条款的规定影响着刑法第142条的法律适用，在刑法上属于注意规定，而在行政法律中存有法律拟制，同时行政法中的法律拟制又被立法固化在刑法上的注意规定中，导致适用上的不协调状态，即法秩序存在不平衡现象，进而造成认识上的矛盾冲突。其次，与刑法第141条有关假药的法律规范相对比，可以发现，假药和劣药的法律规范基本一致，如二者都在初级规范中标明对人体健康造成严重危害，且假药和劣药的定义都来源于《药品管理法》；

---

① 参见杨仁寿：《法学方法论》（第2版），中国政法大学出版社2013年版，第141页。

② 参见［德］齐佩利乌斯：《法学方法论》，金振豹译，法律出版社2009年版，第77页。

③ 参见张明楷：《刑法分则的解释原理》（第2版），中国人民大学出版社2004年版，第622页。

不一致的地方仅在于次级规范的法律后果不一致。换句话说,第 141 条和第 142 条之间的区别仅在于定义和法律后果不一致,而定义的区别标准又依据《药品管理法》规定;但该法中规定的假药和劣药之间的区别又不甚明了,如变质的药属于假药,那么被污染而变质的药是属于假药,还是劣药,则具有区分的困难。故《刑法修正案(十一)》将该定义予以删除,确有一定的正当性理由。再次,第 142 条规定在生产、销售伪劣商品罪一节中,第 140 条规定的是生产、销售伪劣产品罪。《刑法》第 140 条明确了伪劣产品的定义,即在产品中掺杂、掺假,以假充真,以次充好或者以不合格产品冒充合格产品。其中,以次充好属于劣的产品。《关于办理生产、销售伪劣商品刑事案件具体应用法律若干问题的解释》(法释〔2001〕10 号)第 1 条第 3、4、5 款明确规定了何为以次充好;最高人民检察院、公安部《关于公安机关管辖的刑事案件立案追诉标准的规定(一)》(公通字〔2008〕36 号)第 16 条第 2 款规定:以次充好,是指以低等级、低档次产品冒充高等级、高档次产品,或者以残次、废旧零配件组合、拼装后冒充正品或者新产品的行为。第 16 条第 3 款规定:对本条规定的上述行为难以确定的,应当委托法律、行政法规规定的产品质量检验机构进行鉴定。通过上述司法解释,可以得出"劣"的刑法概念内涵就是"以次充好"。最后,根据法律体系中的位阶原则:下位法服从上位法。刑法是基本法律,《药品管理法》应当服从刑法。因此,以下位法的法律概念来定义上位法中的法律用语,的确存在不妥之处。

3. 立法者目的解释的探求。当然,探求立法者的目的是法律解释中必然要关注的关键点。关于劣药的刑事立法来源于 1993 年全国人民代表大会常务委员会《关于惩治生产、销售伪劣商品犯罪的决定》。当然,此处采用的是援引条款,即引用《药品管理法》中劣药的定义。但在 2001 年和 2008 年相关司法解释出台后,劣药中"劣"的定义便有了具体的含义,而《刑法修正案(十一)》将劣药的定义予以删除,不过是顺应了刑法变动的趋势而已。从立法技术层面上看,《刑法修正案(十一)》以前的立法属于直接引用其他条款来规定刑法上的法律概念,而不是从刑事法律本身的立法目的出发,来定义刑法上的概念。删除则意味着对以往行为的更正,以求真实的立法含义。

4. 比较解释的相对性。国外一般将伪劣药分为假冒药、掺假药和冒牌药三类。当然,也有例外,俄罗斯将劣药进行了单独区分。美国对假冒药的规定来自《联邦食品药品和化妆品法》,其认定的方式为"一刀切",将未经正式批准的药品认定为假冒药。尼日利亚主要以药品质量为认定掺假药的标准,而药品质量则与 GMP 生产准则框架相挂钩。德国对冒牌药的认定则为形式判断,即标注错误的标签,从而误导消费者使其未能得到正确治疗的,即为冒牌药。日本主要集中在性能严重不达标的药品上。俄罗斯认定的劣药,是被列入根本无法在药典中得到清晰表述的药品,这是基于该国药品实际运用而产生的"本土化"概念。综上可知,劣药应该为我国法律中独有的概念,域外立法经验虽具有一定的参考性,但不符合我国的实际国情。

5. 社会学解释的可预测性。按照上述语义学解释的结果,出现复数解释时,则说明该解释出现歧义并非理论认识的问题，而系政策性之问题，倘涉及社会效果的预期或目的考量，即应为社会学的解释。[①] 换言之，在刑法中，就是要考虑到一国国民的可预测性。正如日本大审院时代"一厘事件"案例中，对"烟草"采取何种解释，是从物理学观念加以解释，还是从共同生活观念解释，则决定着犯罪嫌疑人的入罪与出罪。[②] 因此，依一般的社会生活观念，劣药也威胁人的身体健康，应该在法律上加以禁止，其危害性不亚于假药，根据国民可预测性原则，也应当将其与假药在法律适用上一视同仁。

四、区分劣药的客观标准与主观判断

1. 法律解释冲突的解决。通过上述五种法律解释，发现了劣药在不同解释中的含义，但各个解释之间存在不一致、不融贯之处，甚至有的解释之间存在矛盾。因此有必要对法律解释做一个系统性的排序，也就是说，法律解释规准之间具有优先性关系，存在位阶顺序。拉伦茨认为：语义学解释处于第一位阶，法律的意义脉络解释处于第二位阶，历史上的立法者目的解释处于第三位阶，客观目的解释处于第四位阶，合宪性解释处于第五位阶。[③] 对此进一步按照确定性程度的高低来排序，可以得出以下结论：语义学解释规准、立法者目的解释规准和体系解释规准要优先于历史解释规准和比较解释规准，而历史解释规准和比较解释规准要优先于客观目的解释规准。[④] 至于社会学解释，则可以作为一种补充性规准。故而，在此可以依据该标准给劣药下一个定义。

2. 一个客观的标准。当然，在下定义之前，要符合阿列克西的"饱和性要求"，以确保法律解释规准适用的理性要求。这个要求应与阿列克西法律论证理论中第 1 个标准和第 2 个标准要求相一致。具言之，第 1 个标准要求一个命题应该得到尽可能多的命题的支持，得到越多的命题的支持，该命题就越融贯。第 2 个标准要求一个命题的证成应该得到尽可能长的理由链条的支持，理由链条越长，该命题就越融贯。[⑤] 而所谓客观的标准，就是给劣药下一个明确的具有可操作性的定义，达到融贯性标准，并且能够维护法秩序的统一，以满足司法实践的需求。欣慰的是，在语义学解释中发现了劣药的语源内涵，在体系解释中找到了实质概念，在社会学解释中明确了本质内涵。因此，劣药是指违反药品管理法规，以次充好，危害人身健康的药物。违反药品管理法规是其形式标准，以次充好则是实质要求，危害人身健康则是法益本身在具体罪名中的个性化体现，是事物本质的内在要求。该定义得到三个法律解释的支持，该支持理由链条也足够长，相互之间

---

① 参见杨仁寿：《法学方法论》（第 2 版），中国政法大学出版社 2013 年版，第 180 ~ 181 页。

② 如从共同生活之观念解释，则不能构成有罪。所谓从共同生活之观念，实指社会学的解释而言，日本大审院依此而判决。

③ 参见［德］卡尔·拉伦茨：《法学方法论》，陈爱娥译，商务印书馆 2003 年版，第 219 ~ 221 页。

④ 参见舒国滢、王夏昊、雷磊：《法学方法论前沿问题研究》，中国政法大学出版社 2020 年版，第 379 页。

⑤ 参见舒国滢、王夏昊、雷磊：《法学方法论前沿问题研究》，中国政法大学出版社 2020 年版，第 362 页。

融贯性得到充分的体现,符合了阿列克西论证的“饱和性要求”。此外,该定义与假药的区分关键点就在于是否属于以次充好。

3. 主观判断在具体个案中的运用。法律概念必须在个案中实现,才能视为论证的完成。如某生产、销售假药案中,对涉案的通草按照中药饮片的鉴定方法进行检测。通过文本分析,该鉴定的通草细胞直径与《中国药典》(2015 年版)规定的标准不一致。但是否为假药则需要按照上述定义来做进一步的实质判断,即是属于以假充真,还是以次充好。如果是以次充好,则继续判断是否危害到人身健康。换言之,只有通过以上步骤的判断,才能确认该药品是假药还是劣药,而不是进行简单的形式判断或实质判断。如司法人员仅仅按照鉴定意见,即得出该涉案通草为假药的审查意见,则具有一定的片面性,不符合法律解释的要求。因此,经过法律推断,能够得出涉案通草为劣药,而非假药的判断。

查获的通草显微横断面鉴定方式	
标准规定	检验结果
全部为薄壁细胞,椭圆形、类圆形或近多角形,外侧的细胞较小,纹孔明显,有的细胞含草酸钙簇晶,直径 15 ~ 64pm	全部为薄壁细胞,瓣翻形、类圆形或近多角形,外侧的细胞较小,纹孔明显,有的细胞含草酸钙簇晶,长约 12pm
鉴定结论:本品按《中国药典》2015 年版一部检验上述项目,结果不符合规定。	

五、结语

劣药的概念是在法律解释中不断呈现,不断充分暴露出来的,这就证明了法律解释中命题被论证的合理性,达到了法律理念的要求:法的安定性、合目的性和正义性。[①] 法律概念随时代的变迁而更迭,这就需要司法人员在实务中具有一双敏锐的法律之眼,结合不同的法律解释,以期找寻到真正的法教义学功能:在法的变迁过程中,从大量的规范和裁判当中提炼出真正重要的和经得起时间考验的观念。没有这方面的努力,则法律人很容易陷入所谓“只见树木,不见森林”的危险,辨识不清其裁判在法的整个关联体系当中所处的位置,无法理解那些值得考虑的利益的多样性,并使自己在细枝末节当中迷失方向。而这正是法律解释者需要加以极力避免的。[②] 刑法修正案对概念的确立和删改,均无法给司法实践者一个完整的法律答案,而对法律作正确的解读则是这个法时代必然的要求。正如生活只知道奔腾不息地流动,但概念却为这流动划出清晰的界限。生活只表明“或多或少”,而概念却要求做出决定:“要么这样,要么那样。”[③]这既是司法实务者作为法律职业者的必然要求,也是法治时代必须要加以合理论证的法命题。

---

① 参见[德]G. 拉德布鲁赫:《法哲学》,王朴译,法律出版社 2005 年版,第 73 ~ 74 页。

② 参见[德]齐佩利乌斯:《法学方法论》,金振豹译,法律出版社 2009 年版,第 165 页。

③ 参见[德]古斯塔夫 · 拉德布鲁赫:《法律智慧警句集》,舒国滢译,中国法制出版社 2020 年版,第 2 ~ 3 页。

简论组织参与国(境)外赌博罪的法定刑

刘松柏[*]

摘要:《刑法修正案(十一)》在2017年《刑法》第303条第2款后增设第3款组织参与国(境)外赌博罪。修正前该行为分别按照赌博罪和开设赌场罪定罪处罚,修正后,根据"依照前款的规定处罚"的规定,组织参与国(境)外赌博行为应当依照开设赌场罪定罪处罚。由于开设赌场罪和组织参与国(境)外赌博罪在定罪量刑模式上存在差异,后者无法完全援引前者的规定,需通过体系解释对第3款的条文内容进行补正。

关键词:组织参与国(境)外　赌博　体系解释

近年来境外赌场和网络赌博集团对我国公民招赌、吸赌的问题日益突出,跨境赌博违法犯罪日益猖獗。与此同时,互联网领域黑灰产业助推传统赌博和跨境赌博向互联网转移,严重妨碍社会管理秩序,危害我国的经济安全、金融安全和社会稳定。为严厉惩治、打击该类犯罪,《刑法修正案(十一)》对《刑法》第303条进行修改:一是加重了开设赌场罪基本犯的法定刑,将法定最高刑从3年有期徒刑提高为5年有期徒刑;二是在第2款之后增设第3款"组织中华人民共和国公民参与国(境)外赌博,数额巨大或者有其他严重情节的,依照前款的规定处罚"。2021年2月26日,最高人民法院、最高人民检察院联合发布《关于执行〈中华人民共和国刑法〉确定罪名的补充规定(七)》(以下简称《罪名补充规定(七)》),对第303条第3款单独确定罪名为组织参与国(境)外赌博罪。组织参与国(境)外赌博罪的罪名和罪状虽然已经确立,但具体适用还需在司法实务中不断探索,本文拟对本罪的法定刑进行初步探讨。

一、问题的提出:组织参与国(境)外赌博罪的定罪量刑依据

从表面上看,《刑法》第303条第3款并无任何逻辑上的矛盾,但真正开始适用时,却

---

* 刘松柏,江苏省苏州市吴中区人民检察院第三检察部副主任,检察官助理。

发现该条在法定刑选择上存在困难。立法对组织参与国(境)外赌博罪的法定刑采用了"依照前款的规定处罚"的表述,这符合我国刑事立法的惯例。但第 303 条第 1、2、3 款分别规定了赌博罪、开设赌场罪、组织参与国(境)外赌博罪三种犯罪,赌博罪只有一档法定刑,开设赌场罪具有两档法定刑,组织参与国(境)外赌博罪看似也只有一档法定州,"依照前款的规定处罚"到底是依照赌博罪还是开设赌场罪的规定处罚呢?单从条文本身无法得到答案。成立组织参与国(境)外赌博罪要求"数额巨大或者有其他严重情节",这无法同赌博罪和开设赌场罪的犯罪构成要件相对应,其是否具有独立的犯罪构成要件也值得探讨。为解决这一困惑,笔者试图通过对立法演进及刑法分则中相似规定进行梳理,探究本罪法定刑的真实含义。

二、组织参与国(境)外赌博罪应当依照开设赌场罪的规定处罚

《刑法修正案(十一)》出台后,对于第 303 条第 3 款中"依照前款的规定处罚"的含义存在不同的看法,有人认为"前款"就是指前面的第 2 款开设赌场罪;有人认为是指前面的第 1 款和第 2 款,行为符合第 1 款的按照赌博罪的规定处罚,符合第 2 款的按照开设赌场罪的规定处罚。之所以在认识上产生这样的分歧,主要原因在于长期以来,对于组织、招揽中国公民赴境外赌博的行为司法实践中一直采用不同的处理方法。

2020 年 10 月 16 日最高人民法院、最高人民检察院、公安部出台的《办理跨境赌博犯罪案件若干问题的意见》(以下简称《意见》)明确规定,境外赌场的经营人、实际控制人、投资人,境外赌场的管理人员,受境外赌场指派、雇佣,组织、招揽中华人民共和国公民赴境外赌博;组织、招揽中华人民共和国公民赴境外赌博,从赌场获取费用、其他利益的;在境外赌场包租赌厅、赌台,组织、招揽中华人民共和国公民赴境外赌博的;以提供赌博场所、提供赌资、设定赌博方式等,组织、招揽中华人民共和国公民赴境外赌博的,均按照开设赌场罪定罪处罚。组织、招揽中华人民共和国公民赴境外赌博,从参赌人员中获取费用或者其他利益的,属于"聚众赌博",按照赌博罪定罪处罚。因此,在《刑法修正案(十一)》出台之前,对于组织参与国(境)外赌博的行为司法实践中采用"二分法"处理,从赌场获取费用或者其他利益的,认定为开设赌场罪;从参赌人员中获取费用或者其他利益的,认定为赌博罪。

在《刑法修正案(十一)》制定的过程中,为依法严惩出境豪赌行为,从源头上遏制中国公民出境参赌问题,切实维护我国的经济安全和稳定,有人提出有必要将组织、招揽中国公民出境参赌数额巨大情形规定为犯罪,故二审稿时增加规定了本罪。[①] 在审议和征求意见的过程中,有观点认为,在刑法已规定有赌博罪和开设赌场罪的前提下,对于类似行为可分情况认定为上述两罪,根本没有增设专门罪名的必要。后立法机关经与有关方

① 参见许永安主编:《中华人民共和国刑法修正案(十一)解读》,中国法制出版社 2021 年版,第 329 页。

面反复研究认为,对这种赌博形式进行单独规定,有利于遏制这类犯罪,发挥法律规范的指引作用。[①] 最终通过的《刑法修正案(十一)》在赌博罪和开设赌场罪之外单独规定了组织中国公民跨境赌博的犯罪。根据《意见》的规定,组织、招揽中华人民共和国公民赴境外赌博的,绝大多数按照"开设赌场罪"定罪处罚,原则上可视为开设赌场罪的共犯。但刑法修改后,只要组织中国公民出境参与巨额赌博的均构成犯罪,不论其"获取费用、其他利益"是来源于赌场还是参赌人员。这说明立法机关对组织国(境)外赌博行为采取了比《意见》更为严厉的惩治态度。因此组织参与国(境)外的赌博罪的法定刑自然应当全部援引刑罚配置更重的开设赌场罪的法定刑,而非法定最高刑仅为三年有期徒刑的赌博罪。这也正是《罪名补充规定(七)》将组织参与国(境)外赌博行为单独确定罪名的重要原因,单独确定罪名可以有效消除该行为仍可按照赌博罪处理的惯性思维和认识偏差。

三、组织参与国(境)外赌博罪在具体适用时应根据数额犯的定罪量刑模式进行补正解释

对于组织参与国(境)外赌博罪法定刑的具体内容,有论者认为:"根据修正后《刑法》第303条第3款的规定,犯组织参与国(境)外赌博罪的,处五年以下有期徒刑、拘役或者管制,并处罚金;情节严重的,处五年以上十年以下有期徒刑,并处罚金。"[②]但实际情况并非字面上描述的这么简单,从开设赌场罪的罪状描述来看,开设赌场罪系"情节犯";但组织参与国(境)外赌博罪的定罪量刑模式系"数额+情节",在两罪的定罪量刑模式存在显著差异的情况下,如何依照开设赌场罪的规定对组织参与国(境)外赌博罪进行处罚成为了问题。

首先面临的问题是,《刑法》第303条第3款是援引第2款基本犯和加重犯两档法定刑,还是仅援引加重犯的法定刑,亦即第2款的"情节严重"和第3款的"有其他严重情节的"在定罪量刑中的地位是否等同。如果部分援引,则意味着组织参与国(境)外赌博罪的法定刑起点为五年以上十年以下有期徒刑,并处罚金,且只有一档法定刑,明显不妥。因为本罪系从赌博罪和开设赌场罪分离而来,大部分行为之前都是作为赌博罪和开设赌场罪的共犯进行处罚的,没有任何理由将这类相对于开设赌场来讲较轻的行为配置比开设赌场罪更重的法定刑,否则就有违罪刑均衡原则。合理的解释只能是全部援引,亦即本罪和开设赌场罪一样,存在基本犯和加重犯两档法定刑。

笔者的这一观点,可以从刑法分则其他类似的规定中得到印证。比如,刑法第180

---

① 参见杨万明主编:《〈刑法修正案(十一)〉条文及配套〈罪名补充规定(七)〉理解与适用》,人民法院出版社2021年版,第328页。

② 杨万明主编:《〈刑法修正案(十一)〉条文及配套〈罪名补充规定(七)〉理解与适用》,人民法院出版社2021年版,第328页。

条第 1 款和第 4 款分别规定了内幕交易、泄露内幕信息罪和利用未公开信息交易罪，第 4 款对利用未公开信息交易罪的法定刑采用了援引第 1 款内幕交易、泄露内幕信息罪法定刑的做法。但由于第 4 款对利用未公开信息交易罪的定罪量刑表述为“情节严重的，依照第一款的规定处罚”，而第 1 款内幕交易、泄露内幕信息罪规定了“情节严重”和“情节特别严重”两档法定刑。司法实践中对利用未公开信息交易罪仅援引“情节严重”的量刑档次，还是对“情节严重”“情节特别严重”的量刑档次均予以援引，产生了不同的认识。最高人民法院在 61 号指导案例——马乐利用未公开信息交易案中，明确“刑法第一百八十条第四款规定的利用未公开信息交易罪援引法定刑的情形，应当是对第一款内幕交易、泄露内幕信息罪全部法定刑的援引，即利用未公开信息交易罪应有‘情节严重’‘情节特别严重’两种情形和两个量刑档次”。基于相同的道理，组织参与国（境）外赌博罪，在援引开设赌场罪的法定刑时，也应当全部引用，即基本刑档为“五年以下有期徒刑、拘役或者管制，并处罚金”，加重刑档为“五年以上十年以下有期徒刑，并处罚金”。

援引范围问题解决后，组织参与国（境）外赌博罪法定刑适用上的困境仍难以完全解决。因为内幕交易、泄露内幕信息罪与利用未公开信息交易罪均系“情节犯”，两罪中的“情节严重”均属入罪要件，“情节特别严重”属于“情节严重”程度加深的必然结果，将“情节特别严重”补正到利用未公开信息交易罪中的量刑情节中不存在任何问题。但组织参与国（境）外赌博罪的入罪要件为“数额巨大或者有其他严重情节”，立法本身是将本罪作为数额犯来规定的，为扩大打击范围同时规定“情节”标准，但“此情节”并非情节犯中的“情节”，根据司法解释对类似规定的解释，此处“有其他严重情节的”，应指赌资数额虽未达到数额巨大，但接近数额巨大的条件，有其他严重情节的情况，如抽头渔利的数额较多，参赌人数较多，组织、胁迫、引诱、教唆、容留未成年人参与赌博，强迫他人赌博或者结算赌资等情形，“此情节”是建立在数额犯基础之上的情节，并非完全跟数额无关的独立情节。

由于《刑法》第 303 条第 3 款并未明确加重量刑档次如何适用，其基本量刑档次与第 2 款的加重量刑档次也无法对应，因此必须通过合理的方法对条文的真实含义进行解释。“使刑法条文相协调是最好的解释方法”①，“法律条文只有当它处于与它有关的所有条文的整体之中才能显出其真正的含义，或它所出现的项目会明确该条文的真正含义。有时，把它与其他的条文——同一法令或者同一法典的其他条款——比较，其含义也就明确了”。② 从我国刑法分则对数额犯的规定来看，“数额巨大或者有其他严重情节”的升档量刑表述并非“情节严重”“情节特别严重”。“情节严重”“情节特别严重”是刑法分则

① 张明楷：《罪刑法定与刑法解释》，北京大学出版社 2009 年版，第 145 页。

② ［法］亨利·莱维·布律尔：《法律社会学》，许钧译，上海人民出版社 1987 年版，第 70 页。转引自张明楷：《罪刑法定与刑法解释》，北京大学出版社 2009 年版，第 144 页。

条文对情节犯入罪或者升档量刑的表述。比如,刑法第280条之一使用虚假身份证件、盗用身份证件罪,第291条之二高空抛物罪,第299条之一侵害英雄烈士名誉、荣誉罪等罪名均将"情节严重"作为入罪情节;而第279条招摇撞骗罪,第280条第1款伪造、变造、买卖国家机关公文、证件、印章罪,盗窃、抢夺、毁灭国家机关公文、证件、印章罪,第3款伪造、变造、买卖身份证件罪、第303条开设赌场等罪名均将"情节严重"作为加重情节。在"情节严重"作为入罪情节被规定时,加重情节则表述为"情节特别严重",如第225条非法经营罪、第226条强迫交易罪、第228条非法转让、倒卖土地使用权罪。

刑法分则对"数额巨大或者有其他严重情节"的升档量刑表述为"数额特别巨大或者有其他特别严重情节"。比如,刑法第224条关于合同诈骗罪规定的升档量刑分别为"数额巨大或者有其他严重情节的""数额特别巨大或者有其他特别严重情节的",第264条盗窃罪、第266条诈骗罪、第267条抢夺罪、第274条敲诈勒索罪、第383条贪污罪、第386条受贿罪的升档量刑也都采用了相同的表述方式。可见,在我国刑法中"有其他严重情节"和"有其他特别严重情节"与"情节严重"和"情节特别严重"并非等同关系,前者对应的是数额犯中的情节而后者对应的是情节犯中的情节,在适用时不能等同视之、混为一谈。

具体来说,在援引开设赌场罪的刑罚对组织参与国(境)外赌博罪的法定刑进行补正时,完整地表述并非前述论者所称的"组织中华人民共和国公民参与国(境)外赌博,数额巨大或者有其他严重情节的,处五年以下有期徒刑,并处罚金;情节严重的,处五年以上十年以下有期徒刑,并处罚金";而应当从体系解释的角度出发,遵循数额犯的立法表述规则,补正为"组织中华人民共和国公民参与国(境)外赌博,数额巨大或者有其他严重情节的,处五年以下有期徒刑,并处罚金;数额特别巨大或者有其他特别严重情节的,处五年以上十年以下有期徒刑,并处罚金"。如果依照前述论者的表述,"有其他严重情节的"属于本罪的基本量刑档次,"情节严重的"属于加重量刑档次,但这样的理解着实让人费解。单从文义上看,很难说"情节严重"比"其他严重情节"的严重程度更重,甚至在一般人看来可能就是同一概念。我们必须结合刑法整体规定对具体条文进行理解,《刑法》第303条第3款援引第2款的法定刑,援引的内容是基本犯和加重犯的刑罚,升档量刑中所表述的"情节严重的"并非援引的对象。而且,作为数额犯规定的组织参与国(境)外赌博罪也无法完全援引作为情节犯规定的开设赌场罪的定罪量刑情节,组织参与国(境)外赌博罪自身具有独立的定罪量刑标准,即"数额巨大或者有其他严重情节的"基本量刑(定罪)档次,"数额特别巨大或者有其他特别严重情节的"加重量刑(升档)档次。立法者显然也注意到了《刑法修正案(十一)》条文存在的问题,在有关的解读中指出"这里所说的'情节严重的',并不是一般意义上的情节严重,而是要根据本罪入罪的条件,要比入罪条件更为严重的情节,主要是指组织中国公民前往国(境)外参与赌博,数额特别巨大或者有其他特别严重情节的情况”。[①] 张明楷教授在其新出版的《刑法学》一书中，在论述本罪的法定刑时，对此也进行了特别提示。[②]

四、余论

“法律不是嘲笑的对象，而是法学研究的对象；法律不应受裁判，而应是裁判的准则”[③]。虽然通过适当的解释可以弥补立法本身的缺陷，但不可否认的是我们的立法技术还有待提高，需要更加地精细化。就本罪来说，如果《罪名补充规定（七）》不单独确定罪名，在援引赌博罪还是开设赌场罪的法定刑抑或是两罪同时援引上可能会持续产生争议；即使在援引何罪名达成一致后，在如何援引时同样会产生分歧。立法机关在立法时显然可以通过彻底地贯彻罪刑法定原则所要求的“明确性原则”来减少类似分歧，将定罪量刑情节完整表述，这样并不会损害刑法条文本身的简洁性。

---

① 许永安主编：《中华人民共和国刑法修正案（十一）解读》，中国法制出版社2021年版，第336页。

② 具体论述参见张明楷：《刑法学》，法律出版社2021年版，第1418页。

③ 张明楷：《刑法格言的展开》，北京大学出版社2013年版，第3页。

《刑法修正案(十一)》对销售未经批准进口药行为认定的影响

吴海龙　韩春平　曹鹏飞*

摘要:2019年修订的《药品管理法》取消了“按假药论处”的情形,并专门对“未取得药品批准证明文件生产、进口药品”等违反药品管理秩序的行为做出禁止性规定。《刑法修正案(十一)》与《药品管理法》相衔接,删除了《刑法》第141条原第2款,并增设第142条之一妨害药品管理罪。销售未经批准的进口药,不再以销售假药罪定罪处罚,司法实务中应根据该药品是否足以严重危害人体健康,以及销售的具体数额,分别予以行政处罚、以妨害药品管理罪或者非法经营罪定罪处罚。进一步加强《刑法》与《药品管理法》的有效衔接,严密我国《刑法》惩治危害药品安全犯罪的刑事法网。

关键词:销售未经批准的进口药　足以严重危害人体健康　销售数额　妨害药品管理罪　非法经营罪

2019年12月1日起施行的《药品管理法》,对假药、劣药的范围进行重大修改,没有再把未经批准进口的药品列为假药,回应了社会百姓的关切。这是《药品管理法》时隔18年之后第一次全面修订。《刑法修正案(十一)》与《药品管理法》相衔接,删除了《刑法》第141条原第2款,并增设第142条之一妨害药品管理罪。2019年修订的《药品管理法》第124条规定,对于未经批准进口少量境外已合法上市的药品,情节较轻的,可以减轻或者免予处罚。此次立法的修改回应了老百姓当前的买药难、看病贵,尤其是进口治疗特殊疾病药物贵且难的问题,关注到了患病老百姓如何保命的问题,是关注了“民生”。但《刑法修正案(十一)》与《药品管理法》修改后,对于无证销售进口药的行为如何规制,

* 吴海龙,江苏省盐城市人民检察院党组副书记、副检察长;韩春平,江苏省盐城市人民检察院第三检察部副主任;曹鹏飞,江苏省东台市人民检察院检察官助理。

《刑法修正案(十一)》新增设的妨害药品管理罪是否排斥了非法经营罪的适用空间等问题,在理论界与司法实务中都存在一定的争议。

一、销售未经批准进口药行为的理论及实务争议

《刑法》第 142 条之一规定,违反药品管理法规,未取得药品相关批准证明文件生产、进口药品或者明知是上述药品而销售,足以严重危害人体健康的,依法构成妨害药品管理罪。而根据目前仍然施行有效的最高人民法院、最高人民检察院《关于办理危害药品安全刑事案件适用法律若干问题的解释》(法释〔2014〕14 号)第 7 条规定,违反国家药品管理法律法规,未取得或者使用伪造、变造的药品经营许可证,非法经营药品,情节严重的,依照刑法第 225 条的规定以非法经营罪定罪处罚。对于上述规定如何理解,理论界和司法实务中均存在不同的观点。

(一)妨害药品管理罪排斥了非法经营罪的适用空间

一种观点认为,未取得药品相关批准证明文件,将境外的"仿制药"擅自进口并予以销售,如果该进口仿制药的确有疗效,其行为不属于足以严重危害人体健康的,不构成本罪,也不能以非法经营罪定罪处罚,主要理由在于:本罪属于药品管制的特别法条,在本罪中,对于销售仿制药的行为,要求有足以危害人体健康的具体危险(结果)才能构成犯罪,且本罪的最高刑为 7 年有期徒刑。如果对销售仿制药,但并无足以严重危及人体健康的具体危险行为,以非法经营罪论处,而该罪的最高刑为 15 年有期徒刑,势必导致处理上的严重失衡,使对危害性较小的行为处罚更重,且将特别法条中试图"放过"的行为作为重罪论处,显然不合适。换言之,对于按照《刑法》第 142 条之一都不能追究刑事责任的行为,按照举重以明轻的解释规则,如果对危害性更为轻微的行为以非法经营罪论处,就是解释上要禁止的。其实,对于销售疗效真实的境外仿制药,在其对人体健康并无危害时,按照《药品管理法》(2019 年修订)第 124 条的规定,也能够予以足够严厉的处罚,对于这种运用行政管理法规进行处罚即已足的行为,按照刑法谦益性的原理,没必要作为犯罪处理。①

(二)仍可根据相关规定认定构成非法经营罪

另一种观点认为,若有证据证明行为人所销售的未经批准进口的国外、境外药品属于国外、境外的合格药品,不具有危害公众安全的危险,并不意味着这种行为就是无罪的。因为销售未经批准进口的国外、境外药品的行为,即便该药品属于国外、境外合格的产品,不会对公众人身健康和生命安全构成威胁,但是行为人非法进口、销售药品的行为在客观上扰乱了我国药品监管秩序,具有处罚的必要性。当然,在考虑是否能够适用刑法的其他罪名来追究行为人的责任的,必须坚持罪刑法定的基本原则。由于涉案药品不

---

① 参见周光权:《刑法各论》,中国人民大学出版社 2021 年版,第 203 页。

存在质量问题,因此不能够适用生产、销售伪劣商品罪的罪名。这样一来,行为人是否具有经营药品的资质和经营数额就成为评价其行为法益侵害性的重要标准。倘若行为人不具有经营药品的资质,且非法经营数额在10万元以上,或者违法所得数额在5万元以上的,应当按照非法经营罪定罪处罚。① 值得注意的是,在司法实践中,一些案件的裁判也遵循了这一立场。如上海市第三中级人民法院刑庭庭长周宜俊也认为,妨害药品管理罪和非法经营罪从入罪标准看是不同的方向,妨害药品管理罪是从有无具体风险上判断,非法经营完全是从数额上考虑,两者不完全重合,是交叉竞合的关系。在完全重合的部分,可以考虑择一重罪处罚;不重合的部分,可以按照各自的入罪标准看是否构成妨害药品管理罪或者非法经营罪。②

由此可见,对于无证销售进口药行为在理论认识和司法实务中均存在重大分歧,有必要从《药品管理法》的立法原意、立法体系和立法目的上对此进行合理分析论证,以指导司法实践。

二、无证销售进口药行为立法体系之论证

(一)基于犯罪构成分析,两罪名具有不同的构成要件

1.两罪名违反的前置行政法具体规定不同。妨害药品管理罪是《刑法修正案(十一)》新增加的罪名,规定的"药品批准证明文件",一般包括药品注册证、医院配制药品许可证、进口药品注册批文等。妨害药品管理罪第2项规定的未取得药品相关批准证明文件生产、进口药品或者明知是上述药品而销售的,此罪的前置条件是"未取得药品相关批准证明文件";而根据最高人民法院、最高人民检察院《关于办理危害药品安全刑事案件适用法律若干问题的解释》(法释〔2014〕14号)规定,非法经营罪的前置条件是未取得药品经营许可证。③《药品管理法》第116条明确将吊销药品批准证明文件、药品生产许可证以及药品经营许可证并列,可见,药品批准证明文件与药品经营许可证是《药品管理法》规定的两种不同的管理手段,体现的是不同的管理制度。药品批准证明文件着眼于管药本身,药品经营许可证更着眼于管市场主体,所以,妨害药品管理罪与非法经营罪的构成要件不一致,并不相互冲突,不存在妨害药品管理罪替代非法经营罪等其他罪名的问题。

2.两罪名侵犯的法益不同。妨害药品管理罪的危害性主要体现在无证生产、进口的药品,未取得上述批准证明文件,生产、进口药品的行为及销售上述药品的行为,既不能保证所生产、进口的物品具有药品预防、治疗、诊断疾病的功能,也有可能延误病情的诊

① 参见张伟珂:《危害食品药品安全犯罪典型类案研究》,研究出版社2019年版,第195页。

② 参见《危害药品安全犯罪立法修改的司法应对》,载微信公众号上海检察,2021年7月30日。

③ 参见赵光辉、宋广超:《刑法修正案(十一)对非法经营药品认定的影响》,载《江苏法治报》2021年5月20日,C版。

治，严重危害人民群众的身体健康、生命安全，又严重违反药品监督管理秩序，造成药品监管市场秩序混乱，其侵犯的法益主要是人民群众的身体健康；无证经营药品也可能涉及药品的安全性，危害人体健康，但侵犯的法益主要是扰乱市场经营管理秩序。

（二）基于体系解释视角，两罪名无法取代各自地位

1. 从相关司法解释来看，以非法经营论处的法律根据没有变化。非法经营属于法定犯、行政犯，其入罪的前置条件是违反行政法规，无论是旧的《药品管理法》还是新的《药品管理法》，都规定了经营药品需要取得经营许可证，无证经营药品违反《药品管理法》规定，这一点并没有因为《药品管理法》修改而变化。因此 2014 年最高人民法院、最高人民检察院《关于办理危害药品安全刑事案件适用法律若干问题的解释》的前置行政法依据依然存在，无证经营药品认定为非法经营罪有明确法律依据。

2. 从刑法相关规定来看，两罪名规定在《刑法》分则第三章但不同节。妨害药品管理罪和非法经营罪均规定在《刑法》第三章破坏社会主义市场经济秩序罪中，其中妨害药品管理罪规定在第一节生产销售伪劣产品罪中，而非法经营罪规定在第八节扰乱市场秩序罪中。笔者认为，对于不构成非法经营罪而符合妨害药品管理罪的可以适用妨害药品管理罪来处理。药品也是一种产品、商品，药品市场也是市场，其生产、销售行为也可能构罪。如果无证销售少量不能认定"足以严重危害人体健康"且未达到扰乱市场秩序的构罪标准，两罪名均不构成，可以行政处罚；如果销售少量"足以严重危害人体健康"但未达到扰乱市场秩序的构罪标准的，那么触犯妨害药品管理罪；如果销售数额达到扰乱市场秩序的构罪标准但不能认定"足以严重危害人体健康"，因其行为扰乱市场秩序，那么直接触犯非法经营罪；如果销售数额达到扰乱市场秩序的构罪标准，又属于"足以严重危害人体健康"的，则属于全国人民代表大会常务委员会法制工作委员会刑法室处长许永安在其主编的《中华人民共和国刑法修正案（十一）解读》一书中所解释的"法条竞合"情形，就需要依照刑法一罪处断规则、司法解释、《刑法修正案（十一）》的规定，择一重罪处罚。

（三）基于立法目的考量，织密法网更体现相关药品管理政策

《刑法修正案（十一）》实施后法网更加严密。新修订的《药品管理法》，目的是贯彻党的十九届四中全会精神，落实习近平总书记提出的"四个最严"的要求，即将最严谨的标准、最严格的监管、最严厉的处罚、最严肃的问责落到实处。将未经批准进口的药品的行为从假药里面拿出来单独规定，并不等于就降低了处罚力度，而是从严设定了法律责任。[①] 从妨害药品管理罪及非法经营罪两罪的犯罪构成可以看出，前者保护的法益是药品质量，关注的是公众健康，而后者保护的法益是药品市场经营管理秩序。但是，如果一

① 参见王比学、易嘉欣：《全国人大常委会办公厅召开新闻发布会严格处置药品监管部门不作为》，载 http://www.npc.gov.cn/npc/c30834/201908/529d0b902e0a41c3a70951e1e5791a03.shtml，最后访问日期：2021 年 11 月 3 日。

味认定只要药品不足以严重危害人体健康,就不予以刑事打击,放宽对药品的监管,则会导致进口药品走私泛滥。因为目前境外取证以及司法鉴定的不足,对于是否足以严重危害人体健康在认定上存在困难,会导致大量境外药涌入本国市场,其中不乏以假乱真的药物,不仅会对本国的药品市场造成冲击,也不利于本国药品研发企业的研发创新,更会对人民群众的生命健康造成严重危害。如果对不足以严重危害人体健康的无证销售进口药行为不予以打击的话,会使《药品管理法》的立法目的难以落到实处。

从上述分析可以看出,非法经营罪与妨害药品管理罪,两罪犯罪构成不同,不存在新罪名取代旧罪名问题;从立法体系上看二者互相补充;从立法目的上看,两罪名针对不同的犯罪行为,织密了打击销售未经批准进口药的法网,更加有利于贯彻落实"四个最严"要求,应当说是两罪名并不相互冲突,而是互为补充。

三、无证销售进口药行为的实践面向

(一)销售少量非法进口药的评价问题

《刑法》第13条规定,情节显著轻微,危害不大的,不认为是犯罪。可以说,对于任何违法行为,只要情节显著轻微危害不大的,都不认为是犯罪。这一款自然也适用于销售少量进口药的行为,《药品管理法》第124条也规定,对于进口少量境外合法上市的药品,情节较轻的,可以减轻或者免除处罚。

值得关注的是,目前一些指导司法实践的规范性文件,对于无证销售少量境外进口药出罪的问题也做了规定。根据最高人民检察院《关于全面履行检察职能为推进健康中国建设提供有力司法保障的意见》(高检发〔2016〕12号)规定,对于销售少量根据民间传统配方私自加工的药品,或者销售少量未经批准的国外、境外药品,没有造成他人伤害后果或者延误诊治的行为,以及病患者实施的不以营利为目的的带有自救、互助性质的制售药品行为,不作为犯罪处理。上述规范性文件的规定,说明我国目前对进口药销售数量较少、不以营利为目的的作了出罪处理,符合司法实践。

对于行为人无证销售进口药数量较少但足以严重危害人体健康的,依法应当以妨害药品管理罪定罪处罚。因为妨害药品管理罪条文对未取得相关批准证明文件进口药品或者明知是上述药品而销售的对数量没有要求,只要有证据证明"足以严重危害人体健康的"就可依其罪名处罚。需要指出的是,妨害药品管理罪规定的"足以严重危害人体健康"标准目前没有具体规定,还需要司法解释做进一步类型化的规定。但2001年最高人民法院、最高人民检察院《关于办理生产、销售伪劣商品刑事案件具体应用法律若干问题的解释》和2009年最高人民法院、最高人民检察院《关于办理生产、销售假药、劣药刑事案件具体应用法律若干问题的解释》中对于生产、销售假药罪"足以严重危害人体健康"都有相关的具体表述。2009年最高人民法院、最高人民检察院《关于办理生产、销售假药、劣药刑事案件具体应用法律若干问题的解释》中对足以严重危害人体健康的,列举了

几种具体情形：依照国家药品标准不应含有有毒有害物质而含有或者有毒有害物质超过国家药品标准；属于麻醉药品、精神药品、医疗用毒性药品、放射性药品等；以孕产妇、婴幼儿、儿童或者危重病人为主要适用对象等，实务中可以将上述标准作为参考。司法实践中，也可以从销售非法进口药的销售对象、持续时间、销售次数、违法药品的数量、违法所得数额、是否因此类行为受过行政处罚等方面予以综合认定其行为是否属于"足以严重危害人体健康"。

（二）销售数量较大的非法进口药的评价问题

首先，如果行为人无证销售进口药品数量较大达到非法经营药品数额标准，但未"足以严重危害人体健康"的依法构成非法经营罪。根据最高人民法院、最高人民检察院《关于办理危害药品安全刑事案件适用法律若干问题的解释》（法释〔2014〕14 号），行为人在没有药品经营许可证的情况下，非法经营药品，情节严重的，依法构成非法经营罪。

其次，如果行为人无证销售进口药数量较大达到非法经营药品数额标准，且"足以严重危害人体健康"的，根据《刑法修正案（十一）》第 7 条规定，"有前款行为，同时又构成本法第一百四十一条、第一百四十二条规定之罪或者其他犯罪的，依照处罚较重的规定定罪处罚"，即按照想象竞合犯原则处理。故，即使在《刑法修正案（十一）》颁布后，如果符合妨害药品管理罪的构成要件，根据择一重罪处原则仍有可能以非法经营罪处理。

因此，笔者认为，如果单纯以进口药没有"足以严重危害人体健康"为由，对其不管进口数量的多少，均不予以刑法打击，看似满足了普通民众的情感需要和彰显了司法的温度和人文关怀，但是实质上却是将法律规范性的标准让位于公众的经验判断。这种处理方式，在某个具体的个案中可能会满足所谓公平正义的要求，但是在处理类似案件时却存在较大风险，比如，因为无法鉴定的问题，某些以假乱真的进口药可能会存在安全问题而无法被发现。在司法实务中，应当对该进口药品是否"足以严重危害人体健康"以及销售的具体数量，进行分类处理、予以打击，才能回应社会关切，织密药品管理法网。

袭击辅警行为的司法认定

——以王某某袭警案为例

姚文武　童笑笑*

摘要：《刑法修正案(十一)》增设袭警罪,对保障人民警察人身安全、维护人民警察执法权威和社会管理秩序具有重要意义。但是,袭击在人民警察指挥或监督下从事执法辅助工作的辅警的行为,在刑法评价上存在构成袭警罪还是妨害公务罪的重大分歧。对此进行分析研究,有助于准确打击袭警犯罪,实现罪责刑相统一。

关键词：袭警罪　司法认定　争议问题　辨析

一、基本案情与争议问题

2021年4月10日下午,某县公安局交警大队民警A、辅警B根据群众报警,到该县工业开发区一路口处理被告人王某某与杨某之间的交通事故纠纷,在对王某某进行现场酒精测试并拍照取证,以及阻止其醉酒(吹气检测值230mg/100ml)驾驶电动三轮车离开现场的过程中,遭被告人王某某阻挠、辱骂和殴打,民警A头部被数次掌击。县公安局工业开发区派出所接A报警后,派出所副所长C带人迅速出警,在一加油站附近,对阻碍交警执法、醉酒驾车强行离开现场的王某某依法进行传唤。C和三名辅警在对王某某执行强制传唤、在派出所办案工作区进行看管和说服劝导过程中,又遭其辱骂殴打。①

检察机关在审查起诉该案中,对被告人王某某袭击辅警的行为构成犯罪不持异议,但在定性处理上争议较大。

第一种观点认为,王某某的行为构成袭警罪。主要理由是,按照职务说理论,辅警虽不具备民警的身份,但其在履行职务过程中,面临和民警相同的危险处境,理应受到同等

---

* 姚文武,江苏省盱眙县人民检察院党组书记、检察长;童笑笑,江苏省盱眙县人民检察院第一检察部检察官。

① 参见江苏省盱眙县人民法院(2021)苏0830刑初257号刑事判决书。

保护。

第二种观点认为,王某某暴力袭击辅警的行为构成妨害公务罪,但该罪被袭警罪吸收,以袭警罪定罪处罚。理由:从文义解释的角度看,袭警罪犯罪对象为正在依法执行公务的人民警察,辅警不具备人民警察身份,故王某某袭击辅警的行为构成妨害公务罪。又因王某某是基于一个犯意实施的一系列犯罪行为,按照重罪吸收轻罪的原理,作袭警罪一罪处断。

第三种观点认为,王某某的行为同时构成袭警罪和妨害公务罪,应数罪并罚。王某某在两个多小时时间里,在三个区域(交通事故处警地点、一加油站附近、派出所办案工作区),既有同时袭击民警、辅警的行为,也有单独袭击辅警的行为(如在派出所办案工作区袭击劝导他的辅警),王某某数行为侵犯数法益,应分别独立评价为袭警罪、妨害公务罪,实行数罪并罚。

影响罪名适用最重要的争议问题在于,暴力袭击辅助人民警察执法的辅警的行为,是构成妨害公务罪还是构成袭警罪?上述问题,既关系到被害人的权益保障,也关系到行为人的罪和刑。

二、暴力袭击警务辅助人员的行为性质

暴力袭击警务辅助人员即辅警行为基本上可以分成两种情形:一种情形是辅警在没有人民警察指挥监督下从事警务执法活动时遭受暴力袭击。此种情形,由于辅警不具有人民警察身份,不具备执法主体资格,不能单独执法,只能在公安民警的指挥和监督下开展辅助性工作,因不具有"依法执行职务"的特征和要求,故其遭受暴力袭击的行为不能被评价为妨害公务罪和袭警罪。如暴力袭击辅警的行为造成了严重后果需要刑事处罚的,则根据具体情况可以寻衅滋事罪、故意伤害罪等罪名追究刑事责任,对此,实践和学理上基本不存在争议。需要重点讨论的是另一种情形,即暴力袭击在人民警察指挥下从事警务执法活动的辅警的行为(简称暴力袭击辅助执法的辅警),应当适用何种罪名,以妥善惩罚被告人,合理保护被害人的基本权益。关于第二种情形的行为性质,主要有以下两种观点:

(一)构成妨害公务罪

主张构成妨害公务罪的观点主要包括两方面的理由:

一方面,从犯罪对象考量,排除"袭警罪"罪名适用。2020 年 1 月最高人民法院、最高人民检察院、公安部《关于依法惩治袭警违法犯罪行为的指导意见》和《刑法》第 277 条第 5 款,均将袭警违法犯罪的罪状描述为"暴力袭击正在依法执行职务的人民警察",这表明,无论是立法者还是司法机关均强调保护的是"人民警察"。而《人民警察法》规定,"录用人民警察,必须按照国家规定,公开考试,严格考核,择优选用",可见,"人民警察"仅指按照国家规定公开考试录用的正式干警,不包括聘用的警务辅助人员。

另一方面,全国人民代表大会常务委员会2002年12月28日《关于〈中华人民共和国刑法〉第九章渎职罪主体适用问题的解释》指出,"虽未列入国家机关人员编制但在国家机关中从事公务的人员,在代表国家机关行使职权时,有渎职行为,构成犯罪的,依照刑法关于渎职罪的规定追究刑事责任"。该解释虽是对渎职罪主体的解释,但由于渎职罪主体是国家机关工作人员,故可以认为该解释实为对"国家机关工作人员"的解释。[①]因此,辅警在依法执行公务期间,属其他依照法律从事公务的人员,应以国家机关工作人员论。故公安机关的辅警在公安民警的指挥和监督下依法从事公务,受到暴力、威胁的,应当以妨害公务罪追究行为人的刑事责任。

综上,在法律未明确规定袭警罪对象包含辅警时,若将辅警纳入正在依法执行职务的人民警察的范畴,是类推解释,严重违背罪刑法定原则。

(二)构成袭警罪

构成袭警罪主要有以下两点理由:

其一,认定暴力袭击辅助执法的辅警的行为构成袭警罪,更加符合该罪保护法益。《刑法》第277条规定了妨害公务罪和袭警罪两个罪名,编排在刑法分则第六章第一节"扰乱公共秩序"中,说明立法增设袭警罪目的并不是仅仅加强对警察人身权的保护,而是更侧重于对警察执法活动、执法权威和社会管理秩序的保护,进一步突出和强调了公安执法管理活动的神圣不可侵犯性,对该法益的保护更加鲜明,这从袭警罪法定刑较妨害公务罪法定刑升格上可以清晰看出。也就是说,袭警罪是妨害公务罪的特别类型,其仍然侧重保护人民警察的执法权,而非单纯地保护其人身安全。[②] 尽管人民警察身份特定,其外延不能随意扩大,但如果辅警在人民警察指挥监督下从事执法活动时,二者就形成了执法共同体,工作目标一致、指向同一、方法协同、效果同质、后果共担。"暴力袭击执法辅警"的行为实质上妨害公安执法管理活动,挑战或破坏的是人民警察执法权威。从罪数理论上讲,"暴力袭击辅助执法的辅警"是一个(系列)行为侵犯一个法益,原则上只能构成一罪。因此,对"在人民警察指挥监督下协助执法的辅警,适用职务论,确立为袭警罪保护对象",更加符合袭警罪的立法目的,也更加有利于保护袭警罪的双重法益。

其二,在协助民警执法的情况下,司法对遭受暴力袭击的辅警适用身份论,存在诸多弊端。首先,不能为民众的正常认知所认可。人民警察开展执法活动,无论是人民警察为单纯执法主体,还是人民警察带领辅警执法,在民众眼里,都是公安机关执法。行为人暴力袭击民警也好、辅警也罢,甚或两者一起袭击,在民众眼里,都是暴力抗拒公安机关执法活动。在这样背景下,司法实践若对辅警以身份论,作出"暴力袭击警察构成袭警罪,单纯暴力袭击执法辅警构成妨害公务罪"的认定和处理,民众不仅会不理解,甚至会

---

① 参见张明楷:《刑法学》(第6版),法律出版社2021年版,第1350页。

② 参见钱叶六:《袭警罪的立法意旨与教义学分析》,载《苏州大学学报(哲学社会科学版)》2021年第5期。

觉得十分滑稽可笑。“法律不是用来被嘲笑的”,出现这样的情况,意味着刑法的行为规范功能将出现问题,这绝非立法者所希望看到的。其次,最高人民法院、最高人民检察院、公安部《关于依法惩治袭警违法犯罪行为的指导意见》对袭警的认定作了 4 个不同层次的表述,其中第 2 个方面“实施打砸、毁坏、抢夺民警正在使用的警用车辆、警械等警用装备”也被认定为对民警的人身攻击,根据“举轻以明重”的当然解释原理,袭击辅警,更应认定为是对民警人身攻击的行为。最后,民警带领辅警执法,是基层公安执法的常态,他们共同承担起维护社会稳定、维持社会秩序的任务,共同面临遭受暴力袭击的风险,在此情况下,民警遭受暴力袭击定袭警罪,辅警遭受暴力袭击定妨害公务罪,因两罪法定刑区别明显,造成对辅警在法律保护上的歧视,既不利于激发辅警的工作积极性和责任感,也不利于公安机关执法权的有效实施,这与设立袭警罪的初衷是背道而驰的。

三、暴力袭击辅助执法的辅警行为适用袭警罪的理由与情形

笔者认为,暴力袭击辅助执法的辅警的,应当以袭警罪追究刑事责任。袭警罪司法认定争议问题产生的原因,表面上看是立法者在《刑法》第 277 条第 5 款中将袭警罪的对象限定为“人民警察”,没有表述为“公安执法人员”,导致在“单纯暴力袭击辅助执法的辅警”定妨害公务罪还是定袭警罪上产生了分歧,但深层次的原因是立法者对待公安权力慎重行使的坚定态度与公安基层队伍建设及执法状况之间的矛盾和冲突。由于公安机关具有行政机关和司法机关的双重属性,其在社会领域承担着宽广的管理职能,法律为此赋予其的权力也宽泛而直接,这对管理对象的人身、财产都会产生巨大影响,因此,国家对公安机关权力行使必须进行严格规制和约束。这就是刑法只规定袭警罪的对象是人民警察的原因。国务院办公厅 2016 年 11 月印发的《关于规范公安机关警务辅助人员管理工作的意见》第 4 条规定:“警务辅助人员不具备执法主体资格,不能直接参与公安执法工作,应当在公安民警的指挥和监督下开展辅助性工作。警务辅助人员依照本办法履行职责受法律保护,有关单位和个人应当予以配合,相关法律后果由公安机关承担。”江苏省人民代表大会常务委员会通过的《江苏省公安机关警务辅助人员管理条例》第 8 条规定:“警务辅助人员应当在人民警察的指挥或者带领下,按照本条例和国家有关规定协助开展有关工作。”显然,无论是全国人大还是国务院甚至地方立法机关,都明确辅警不具有公安执法权,但又对辅警在人民警察指挥或带领下协助开展哪些工作、以何种方式开展工作、履行什么样的职责等未作出明确规定,导致辅警在公安机关执法活动中的地位尤其是责权不清晰。

相比较而言,作为辅警最高管理机关的公安部则更加务实,2018 年 12 月发布的《公安机关维护民警执法权威工作规定》(公安部令第 153 号)明确规定,行为人实施侵犯民警执法权威的行为,构成犯罪的,依法追究刑事责任;警务辅助人员在协助民警依法履行职责、行使职权过程中受到不法侵害的,参照本规定开展相关工作。显然,公安部强调更

多的是对民警执法权威的保护并希望将辅警与民警不加歧视地对待,这似乎更加贴合当前中国基层公安执法工作的实际需要。事实上,刑法增设袭警罪以来,多地司法机关将“暴力袭击辅助执法的辅警”定性为袭警罪。[①] 他们认为,辅警在人民警察指挥下辅助从事执法工作,与人民警察成为一体,辅警的行为依附于人民警察的执法行为,应视为“人民警察”执法行为的延伸,也就是说,辅警的行为与警察执法行为具有一体化的特质,此时,不应该当然地将辅警排除在袭警罪保护对象之外,这也并未突破罪刑法定原则。

中华人民共和国成立以来,公安机关为实现我国社会大局保持长期稳定,成为世界上最有安全感的国家之一的目标作出了突出贡献。但近年来一线公安干警(包括民警和辅警)在执法执勤中遭遇阻挠执法、暴力抗法、造谣诽谤的事件时有发生,不仅对他们的人身安全和声誉造成严重侵害,也极大地损害了国家法律尊严和公安机关执法权威。公安部新闻发布会资料显示,自中华人民共和国成立至2020年年底,全国共有1.6万名民警因公牺牲,30多万名民警因公负伤,其中在执法执勤和与犯罪分子搏斗中牺牲人数占了较大比重。另据网上资料[②],仅在2020年抗击新冠肺炎疫情和维护社会安全稳定工作中,全国公安机关牺牲民警315名、辅警165名,负伤民警4941名、辅警3886名,辅警牺牲人数占公安队伍牺牲总数比例高达34%,负伤比例高达44%,辅警与人民警察一样用鲜血和生命书写了对党和人民的无限忠诚。随着公安机关参与社会治理的力度不断增强,为应对警力不足,辅警在协助维护社会治安、服务人民群众等方面发挥越来越重要的作用,在依法履行职责中与人民警察一样面临相同的职业风险和人身危险,对他们遭受的暴力袭击,必须给予与人民警察无差别的保护。建议最高人民法院、最高人民检察院、公安部在出台新的《关于依法惩治袭警违法犯罪行为的指导意见》时,能够考虑基层公安工作实际需要,将“暴力袭击辅助执法的辅警”行为纳入袭警罪。

还需要说明的是,将“暴力袭击辅助执法的辅警”行为纳入袭警罪的认定,是基于妥善的法益保护、实质的刑法判断、公安执法实际情况和尊重普遍民众法感情的综合考虑。但是,对于其他袭击辅警的行为,如袭击文职辅警(相对的是勤务辅警)、不涉及妨害公务执法的袭击行为,等等,在这些情况下,受侵害更多的是辅警本身的人身、财产权利,而与公安执法管理活动的关联较远,此时以寻衅滋事罪、故意伤害罪等罪名评价,更为妥当,也更为契合罪刑法定原则的要求。上文所分析的王某某袭警案处理结果:法院采纳公诉机关的指控和量刑建议,依法判决被告人王某某犯袭警罪,判处有期徒刑1年2个月。

---

① 参见江西省高安市人民法院刑事判决书,(2021)赣0983刑初301号;天津市宁河区人民法院刑事判决书,(2021)津0117号刑初234号。

② 资料来源:中国网2021年1月18日讯。

浅析“自洗钱”行为入刑的司法适用

张建兵　何钰莹*

摘要:2020年《刑法修正案(十一)》再次对1997年《刑法》第191条洗钱罪进行了修改,其中,最重要的修改是将“自洗钱”入刑,这是刑法对洗钱犯罪作出的重大调整,使我国反洗钱刑事法律规制进一步适应立法和司法需要。“自洗钱”行为入刑,是对“自洗钱”单独评价定罪。但修正后的《刑法》第191条未对“自洗钱”的法律适用单独作出具体规定,也未出台相关司法解释,在司法实践中存在一些亟待解决的实务问题。对“自洗钱”行为认定、“自洗钱”罪数认定、“自洗钱”犯罪与传统赃物罪的区别等司法实践问题需提出法律适用方案。

关键词:上游犯罪　洗钱罪　自洗钱　司法适用

2020年《刑法修正案(十一)》是继《刑法修正案(三)》《刑法修正案(六)》之后对1997年《刑法》第191条洗钱罪进行的第三次修改。这次最重要的一项修改,就是将“自洗钱”入刑。修改后的《刑法》第191条删除了“明知”“协助”等明显属于第三人角度的文字表述,使洗钱罪的犯罪主体不再仅限于他人,还包括了实施特定上游犯罪的本犯。“自洗钱”入刑,使我国反洗钱刑事法律规制进一步适应立法和司法需要,是一项重大进步。“洗钱”分为“自洗钱”和“他洗钱”两种。“自洗钱”是指上游犯罪行为人自己实施的洗钱行为,“他洗钱”是指上游犯罪行为人之外的第三人实施的洗钱行为。从行为性质来看,“自洗钱”是为自己的上游犯罪进行洗钱,其特殊之处是实施主体为获得犯罪收益的上游犯罪分子本身,即“自己犯罪自己清洗”。这是在实施上游犯罪后的额外行为,不仅加重了上游犯罪的危害后果,而且对国家金融秩序的稳定等造成伤害,其本质仍然是洗钱行为。2020年修正后《刑法》第191条规定了“自洗钱”犯罪,但未对“自洗钱”的法律

* 张建兵,江苏省南通市通州区人民检察院检察委员会委员、四级高级检察官、全国检察理论研究人才;何钰莹,北京大成(南通)律师事务所律师。

适用单独明确作出具体规定。司法实践中，在认定“自洗钱”犯罪时，应与“他洗钱”犯罪以及传统赃物罪有所区别。

一、“自洗钱”行为的认定

2020 年修正的《刑法》第 191 条洗钱罪除规定了“提供资金账户”“将财产转换为现金、金融、票据、有价证券”“通过转账或其他结算方式转移资金”“跨境转移资产”四种“掩饰、隐瞒犯罪所得及其收益的来源和性质”的洗钱行为方式外，还将“以其他方式掩饰、隐瞒犯罪所得及其收益的来源和性质”作为列举的四种具体洗钱行为方式以外的兜底性条款。司法实践中，不能将上述五种洗钱方式简单套用于“自洗钱”犯罪。洗钱罪的客体是对国家金融管理秩序的侵害，其本质在于为毒品犯罪、黑社会性质的组织犯罪等法定七类上游犯罪所得披上合法外衣，消灭犯罪线索和证据，逃避法律追究和制裁，实现犯罪所得的安全循环使用。如果上游犯罪的本犯在实施上游犯罪后自然地占有、窝藏、获取犯罪所得等行为，并未实施动态的“漂白”“清洗”行为，比如，受贿犯罪行为人将受贿款藏在自己家中，不应认定为“自洗钱”行为。因为其所收受贿赂款项的性质和来源并没发生实质性变化，仅是一种自然延伸状态的“物理转移”，这符合传统赃物罪的特征，是“不可罚的事后行为”，不构成洗钱罪。同样，对“提供资金账户”这一洗钱方式，如果贪污贿赂等犯罪行为人提供自己的资金账户或银行卡收取犯罪所得，也应认为是上游犯罪的组成部分，是上游犯罪的自然延伸，也不能认定为“自洗钱”行为。司法实践中，认定“自洗钱”行为，应当局限于掩饰和隐瞒的行为，而不包括单纯的持有，或者依照财物的通常效能加以占有、使用、窝藏、转移等行为（如用金钱购置房产、汽车）。上游犯罪行为人的后续行为所侵害的法益并未超过上游犯罪原本所侵害的法益，上游犯罪的具体罪名已经能够全面准确地对行为人进行评价，如再对行为人以上游犯罪与洗钱罪数罪并罚，就可能导致刑法上的重复评价。

“自洗钱”与“他洗钱”往往成立洗钱罪共同犯罪。对于“他洗钱”行为，如果行为人事前与上游犯罪行为人通谋并提供帮助的，应以上游犯罪共犯论处。如果行为人与上游犯罪行为人没有事前通谋，仅是事后帮助“掩饰、隐瞒”的，则构成洗钱罪。假如行为人与上游犯罪行为人在实施上游犯罪后共谋并实施“掩饰、隐瞒”行为的，则应构成洗钱罪共犯。需注意到，“自洗钱”行为是我国《刑法修正案（十一）》中新增设的犯罪行为，在《刑法修正案（十一）》生效前并无法律对“自洗钱”行为进行刑法规制，因此不具有溯及力。根据“从旧兼从轻”的刑法溯及力原则，在查处洗钱罪共犯时，如果洗钱行为发生在 2021 年 3 月 1 日《刑法修正案（十一）》生效前，则“自洗钱”行为不予追究，只能追究“他洗钱”行为。

二、“自洗钱”犯罪的罪数认定

“自洗钱”入刑后，目前尚未出台相关司法解释，对“自洗钱”犯罪是与有关上游犯罪实行数罪并罚，还是实行从一重罪处罚，需要进一步研究。可以从以下几种情形分析并区别处理：

1. 对于上游行为不构成犯罪的，根据最高人民检察院、公安部颁布的《关于公安机关管辖的刑事案件立案追诉标准的规定（二）》第 48 条规定的洗钱罪立案标准，洗钱罪是行为犯，只要实施了洗钱行为即应立案追诉，但司法实践中应以上游犯罪构成为前提。对于“自洗钱”行为入罪后，同样也需考虑上游犯罪成立，如上游行为不构成犯罪，那上游犯罪本犯的“自洗钱”行为亦不应构成犯罪。

2. 对于上游犯罪本犯在实施法定七类上游犯罪之后，为掩饰、隐瞒上游犯罪所得及其产生的收益，实施动态的“漂白”行为，切断犯罪所得及其产生的收益来源和性质，使其合法化，行为人应同时成立上游犯罪和“自洗钱”犯罪，对行为人按照上游犯罪和洗钱罪数罪并罚。“自洗钱”行为入罪后，将本犯的上游犯罪与洗钱罪进行数罪并罚，与此前作为吸收犯处理所处刑罚相比，整体加重对上游犯罪本犯的刑罚。这里涉及整体刑事政策考量的问题，需要进一步加强研究，在立法层面和司法层面进一步科学设置洗钱犯罪的刑罚、规范“自洗钱”犯罪与上游犯罪数罪并罚的量刑方法，以确保罪责刑相适应。①

3. 对于上游犯罪本犯与他人客观上实施了法定七类上游犯罪的共同行为，但是由于共同故意证据不足等原因而难以认定上游犯罪行为人与他人成立上游犯罪的共同犯罪时，对于上游犯罪本犯所实施的掩饰、隐瞒上游犯罪所得及其收益的行为，仍应认定“自洗钱”行为成立，并与他人共同构成洗钱罪。②

4. 对于上游犯罪本犯在实施法定七种上游犯罪以外的犯罪后，又通过金融机构或者特定非金融机构实施掩饰、隐瞒犯罪所得及其收益的行为，比如，对电信诈骗犯罪本犯的“自洗钱”行为是否单独定罪还存在争议。有观点认为，掩饰、隐瞒犯罪所得、犯罪所得收益罪是传统赃物犯罪，针对的是实施掩饰、隐瞒法定七类犯罪以外犯罪所得及其产生的收益的行为。对上游犯罪本犯实施的掩饰、隐瞒行为不应认定为“自洗钱”行为，而是“自窝赃”行为，不宜单独作为犯罪处理，可在量刑时作为从重量刑情节。也有观点认为，因掩饰、隐瞒犯罪所得、犯罪所得收益罪是洗钱犯罪体系中的罪名之一，2020 年 10 月 13 日，第十三届全国人民代表大会常务委员会第二十二次会议上全国人民代表大会宪法和法律委员会做的《关于〈中华人民共和国刑法修正案（十一）（草案）〉修改情况的汇报》中明确：“作上述修改以后，我国刑法第一百九十一条、第三百一十二条等规定的洗钱犯罪的上游犯罪包含所有犯罪，‘自洗钱’也可单独定罪。”据此，对实施法定七种上游犯罪以

---

① 参见贝金欣：《洗钱犯罪司法、立法若干问题探析》，载《刑事检察工作指导》2020 年第 3 辑。

② 参见肖中华：《合理界分上下游行为准确认定洗钱罪》，载《检察日报》2020 年 4 月 11 日。

外的犯罪后，上游犯罪行为人为掩饰、隐瞒犯罪所得及其收益而对财物进行转换、转移等明显的“清洗”行为可单独定罪，构成掩饰、隐瞒犯罪所得、犯罪所得收益罪与上游犯罪数罪并罚。[①] 目前，针对电信诈骗犯罪的洗钱行为相当猖獗，社会危害性大，但打击难度大、追赃困难，特别是对电信诈骗罪本犯的“自洗钱”行为难以追究。对此，有待出台相关司法解释乃至于在立法层面上予以明确，建议规定掩饰、隐瞒犯罪所得、犯罪所得收益罪的上游犯罪适用洗钱罪的法定七类上游犯罪外的所有犯罪的“自洗钱”行为，或者将洗钱罪的上游犯罪范围扩大到逃税、赌博、生产、销售伪劣商品、电信诈骗等经济类犯罪。

三、“自洗钱”犯罪的法条竞合

我国刑法洗钱犯罪体系有三个罪名，分别是《刑法》第191条洗钱罪，第312条掩饰、隐瞒犯罪所得、犯罪所得收益罪以及第349条窝藏、转移、隐瞒毒品、毒赃罪。[②]《刑法修正案(十一)》规定“自洗钱”独立构成犯罪，但并没有对第312条作出相似的规定，而且并没有删除第349条的相关内容。有必要重新审视《刑法》第191条与第349条的关系，以及第191条与第312条的区别。2006年《刑法修正案(六)》对刑法第312条掩饰、隐瞒犯罪所得、犯罪所得收益罪做了修改，将过去规定的犯罪所得赃物修改为犯罪所得及其产生的收益，因而扩大了犯罪对象范围。在“以窝藏、转移、收购、代为销售”四种行为方式外增加了“以其他方法掩饰、隐瞒的”等各种方法掩饰、隐瞒犯罪所得及收益的条款。还增加了一个量刑幅度，提高了本罪的法定刑。从法条关系上看，修正后掩饰、隐瞒犯罪所得、犯罪所得收益罪的适用范围，扩大到除了《刑法》第191条规定的法定上游犯罪之外的所有犯罪，两个法条相互补充，共同构筑起反洗钱的刑法防线。在《刑法修正案(十一)》出台之前，掩饰、隐瞒犯罪所得、犯罪所得收益罪与洗钱罪主要区别只在于上游犯罪范围的不同，前者的上游犯罪包括洗钱罪规定的法定七类上游犯罪以外的所有犯罪。而在犯罪主体、主观故意以及行为内容等方面，两罪没有区别。《刑法修正案(十一)》实施后，洗钱罪犯罪主体发生变化，增加了“自洗钱”犯罪，但对掩饰、隐瞒犯罪所得、犯罪所得收益罪的犯罪主体方面未作修改。在实施了上游犯罪之后，具有掩饰、隐瞒犯罪所得及其收益的目的，并对财物进行了转换、转移等明显的“清洗”行为的，同样构成掩饰、隐瞒犯罪所得、犯罪所得收益罪。[③] 司法实践中，要注意洗钱罪与掩饰、隐瞒犯罪所得、犯罪所得收益罪的区别，在《刑法修正案(十一)》实施前，对于法定七类上游犯罪的本犯实施了掩饰、隐瞒犯罪所得及其收益的行为，不构成洗钱罪，一般也不以掩饰、隐瞒犯罪所得、犯罪所得收益罪追究其刑事责任，而《刑法修正案(十一)》实施后，对于上述法定七类上游

---

① 参见王爱立主编：《中华人民共和国刑法立法精解》，中国检察出版社2021年版，第480~481页。

② 参见何萍：《自洗钱入罪后的法律适用》，载《人民检察》2021年第16期。

③ 参见王爱立主编：《中华人民共和国刑法立法精解》，中国检察出版社2021年版，第891~892页。

犯罪的本犯实施了掩饰、隐瞒犯罪所得及其收益的行为，应认定为“自洗钱”行为，构成洗钱罪。

《刑法》第 349 条规定的窝藏、转移、隐瞒毒品、毒赃罪是指为走私、贩卖、运输、制造毒品的犯罪分子窝藏、转移、隐瞒毒品或者犯罪所得的财物的行为。与第 312 条相比，窝藏、转移、隐瞒毒品、毒赃罪是针对毒品犯罪的特殊赃物罪，在法条竞合时，一般按照“特殊法优于一般法”原则处理。但是，2009 年最高人民法院《关于审理洗钱等刑事案件具体应用法律若干问题的解释》（以下简称《解释》）第 3 条规定，明知是犯罪所得及其产生的收益而予以掩饰、隐瞒，既构成刑法第 312 条掩饰、隐瞒犯罪所得、犯罪所得收益罪，同时又构成刑法第 191 条洗钱罪或者第 349 条窝藏、转移、隐瞒毒品、毒赃罪的，依照处罚较重的规定定罪处罚。依据《解释》第 3 条规定，对于行为人既实施掩饰、隐瞒毒品犯罪所得又实施了窝藏、转移毒品、毒赃等的协助行为，并没有按照“特别法优于一般法”的法条竞合理论来处理，而是采用想象竞合犯“择一重罪”处理的方法。值得关注的是，在最高人民检察院和中国人民银行联合发布的洗钱罪典型案例“林某娜、林某吟等人洗钱案”中，对被告人林某娜明知他人提供的资金是毒品犯罪所得及收益，仍将上述资金用于购买房产等，并提供本人和他人银行账户转移资金，构成《刑法》第 191 条洗钱罪。同时被告人林某娜还帮助他人保管、转移毒品犯罪所得，构成《刑法》第 349 条窝藏、转移毒赃罪，并实行数罪并罚。[①] 据此，对于既掩饰、隐瞒毒品、毒赃又窝藏、转移毒品、毒赃的行为如何处理，在司法实践中还存在分歧，有待进一步研究探讨。司法实践中，需特别注意“以隐瞒毒赃的方法进行洗钱”的行为与窝藏、转移、隐瞒毒赃的区别。根据前面所述，洗钱罪的行为方式必须具有掩饰、隐瞒特征，行为人如果明知他人系毒品犯罪而实施掩饰、隐瞒的毒品犯罪所得及其收益的行为，应认定构成洗钱罪。如果行为人只是出于逃避司法机关追查的目的，并没有“漂白黑钱”的意图，仅窝藏、转移毒赃的，应当构成窝藏、转移毒赃罪。

在《刑法修正案（十一）》实施后，对于毒品犯罪本犯，其在实施毒品犯罪以后又有以掩饰、隐瞒毒赃行为进行洗钱的，则毒品犯罪行为人同时也触犯了《刑法》第 191 条规定的洗钱罪，构成“自洗钱”犯罪，应以毒品犯罪和洗钱罪，实行数罪并罚。对于毒品犯罪行为人如果没有掩饰、隐瞒犯罪所得、犯罪所得收益的来源及性质，仅是自己窝藏、转移毒品、毒赃的，则属于“事后不可罚行为”，不应认定构成窝藏、转移毒品、毒赃罪，当然也不应认定为“自洗钱”犯罪，不构成洗钱罪。

---

① 参见最高人民检察院、中国人民银行 2021 年 3 月发布的《惩治洗钱犯罪典型案例》中“五、林某娜、林某吟等人洗钱案”。

挪用“私存”型公款应当谨慎入罪

李站营　滕宏清*

摘要:“私存”型公款是指存放于个人账户,由个人名义保管的单位公款。挪用该类公款,公款不存在“单位—个人”的过程,故认定时应结合“挪”这一实行行为,判断行为人挪用行为是否使公款脱离应有控制而处于风险之中。当挪用行为导致公款脱离本人控制或公款形态明显变化可以认定为挪用公款罪。挪用行为未导致公款脱离控制的,行为人只有“用”却没有“挪”的行为,因而不宜认定为挪用公款罪,但“用”的行为符合贪污罪构成要件的可以认定为贪污罪。挪用“私存”型犯罪金额为挪用金额减去账户中个人资金数额。

关键词:“私存”型公款　实行行为　挪　脱离控制

一、问题的提出

挪用公款罪由于在构成要件以及实务中具体案件的复杂性,一直存在较多理论和实践争议问题。但综观关于挪用公款罪的各种研究,主要是针对典型的挪用公款。所谓典型的挪用公款,是指公款存放于单位公款账户,行为人的挪用行为使公款脱离单位而由个人控制,即公款存在“单位—个人”的过程。

但司法实践中大量存在的一种情形是,有的单位为规避财经管理制度,处理一些不便列入正常财务支出的费用,将本应列入符合规定的单位账户的资金,存放于个人账户。这类公款最主要的特点就是公款由个人名义保管,笔者称之为“私存”型公款。单位公款

* 李站营,江苏省人民检察院检察官助理;滕宏清,江苏省南京江北新区人民法院法官。

在私存入个人账户后,单位无法对相应款项进行直接控制,这给实际保管人挪用款项提供了便利。有的保管人为追求收益,将公款存定期、购买理财、炒股票、购房、转借他人、转借其他单位等。这种情况下,行为人挪用行为并不存在使公款由"单位—个人"过程。这就是本文所要讨论的非典型挪用,即挪用"私存"型公款。

对于挪用"私存"型公款,相当一部分办案人员认为,即使公款经单位集体决策存入个人账户,其所有权并未实际发生变化,保管人只有保管之责,只要其违反公款使用决策程序,改变公款的使用主体和程序,挪用公款归个人使用,就应当认定为挪用公款罪。从笔者收集的判例来看,实务中司法工作人员也多支持这种观点,不管公款存放方式如何,只要行为人不应用而用,均构成挪用公款罪。然而这样的认定不无疑问:

第一,使用存放于自己账户中的公款,这是"挪用"吗?所谓"挪用",是指"未经合法批准,或者违反财经纪律,擅自使公款脱离单位的行为。"①根据此定义,挪用公款的行为特征表现在非法改变单位公款的占有状态,将公款置于个人支配、控制之下。而对于"私存"型公款,公款已经通过单位决策合法地进入个人账户,行为人虽将公款用于存定期、购买理财、炒股等,但公款始终在个人控制之下,公款控制形式并未发生根本变化,这种行为是"挪用"吗?

第二,将这种行为一律认定为犯罪,罪责刑相适应吗?相当一部分人挪用"私存"型公款是为了获取利息,在通常认定为犯罪的转存定期或理财情况下,行为人挪用几百万元所获取的利息通常仅有几百元至数千元。实践中这种挪用方式往往不会给款项带来较大风险,同时一般也很少影响单位的用款需要。对这样的行为一律作为犯罪,且超过两百万元的一般就要判处五年以上的重刑,这样的处理罪责刑相适应吗?

第三,行为人挪用的金额都是犯罪数额吗?货币是种类物,单位公款存入个人账户后,即和个人合法财产发生混同。如果个人存放公款的账户中有保管人的合法财产,或者个人名下其他账户中有合法财产的,"挪用"的金额都能认定为犯罪数额吗?

因而,挪用"私存"型公款认定逻辑与典型的挪用公款应当有明显区别。本文中笔者拟由挪用公款的实行行为入手,通过把握"挪"的内涵,尝试分析不同情形下挪用"私存"型公款的认定规则。

二、挪用公款中的"挪"

(一)挪用公款的实行行为是"挪"

实行行为是刑法理论上最重要的概念之一,是使各种犯罪的构成要件具有自身特色的最主要的要素。② 准确厘清非典型挪用公款行为的性质离不开对该罪实行行为的认

---

① 张明楷:《刑法学》,法律出版社 2016 年版,第 1189 页。

② 参见张明楷:《刑法学》,法律出版社 2016 年版,第 144 页。

定。挪用公款的罪状表述是:利用职务上的便利,挪用公款归个人使用,进行非法活动等。那么何为该罪的实行行为? 一种观点认为本罪属于复行为犯,实行行为是“挪” + “用”,如非法活动型挪用公款的实行行为是“挪用 + 进行非法活动”的复合模式,其中“挪用”是手段行为,“进行非法活动”是目的行为。但理论界和实务界多认为挪用公款罪的实行行为是“挪”。

1. 从词义来分析,挪用公款应当理解为“为了‘用’而‘挪’”。“用”是行为人实施“挪”这一行为的目的,无此目的,则不可能产生“挪”的行为。与此相联系,“挪”是挪用公款罪客观方面的行为要素,无此行为,则不成立挪用公款罪;但“用”不必是一种客观行为,而是一种目的要素。① 所以在“挪而未用”的情况下,如果能够查明挪用公款的目的在于将公款用于营利活动或者非法活动,则仍然应当按照挪用公款用于营利活动或者非法活动处理;如果无法查明被挪用的公款的目的用途,但在数额和时间方面符合法定的条件的,也可能符合挪用公款罪的构成要件。相反,倘若认为本罪的实行行为是“挪” + “用”,对挪而未用的情形只能作为未遂处理。

2. 挪用公款行为对于法益的侵犯,本质在于“挪”而不在于“用”。刑法的任务是保护法益,犯罪的本质是侵害法益,实行行为的认定离不开法益的指导和考虑。挪用公款作为贪污贿赂类犯罪,侵犯了国家工作人员的职务廉洁性,同时也侵犯公款相应的权能。虽然对于挪用公款所侵犯的公款的权能到底是占有、使用、收益、处分中的何种权能尚有争议,但一般认为挪用公款侵犯了公款的占有权和使用权。挪用公款行为导致公款的占有状态改变,自然侵害了公款的占有权,挪用公款归个人使用导致公款所有人无法使用该公款,自然也侵犯了公款的使用权。因此挪用公款侵害的是公款稳定而安全的占有关系和按照公款所有人意图使用的使用权。如果行为没有对公款的占有权和使用权造成实质性的侵害,则不能构成该罪。② 依刑法理论,挪用公款罪属于状态犯,公款一经行为人挪出,法益就受到了侵害。之后虽然法益受到侵害这一状态(在行为人归还被挪用款项之前)一直在延续,但不是挪用行为在延续。至于行为人对公款是否使用、如何使用,对法益已经受到侵害的事实本身不具有任何意义。③

3. 将挪用公款作为复行为犯与现有法律相矛盾。1998 年最高人民法院《关于审理挪用公款案件具体应用法律若干问题的解释》规定,因挪用公款索取、收受贿赂构成犯罪的,依照数罪并罚的规定处罚。挪用公款进行非法活动构成其他犯罪的,依照数罪并罚的规定处罚。如果认为挪用公款罪是复行为犯,那么当挪用公款进行的非法活动本身构成犯罪时,因为是“用”的行为构成其他犯罪,属于一行为触犯数个罪名的情况,只能作为

---

① 参见熊选国、苗有水:《职务型经济犯罪疑难问题对话录——挪用公款后尚未投入使用的行为的性质》,载《人民法院报》2005 年 8 月 3 日。

② 参见孙国祥:《贪污贿赂犯罪研究》,中国人民大学出版社 2018 年版,第 343 ~ 344 页。

③ 参见杨日洪、曹宏:《为帮人揽储而公款私存之行为构成挪用公款罪》,载《法律适用》2008 年第 12 期。

想象竞合犯处理。这直接与法律规定的内容相矛盾。

综上,应当认为挪用公款罪是单行为犯,其实行行为只有“挪”,不包括“用”。

(二)“挪”是指使公款脱离应有控制而处于风险之中的行为

“挪”指的是移送、挪动,表明的是公款占有状态的变化。“未经合法批准,或者违反财经纪律,擅自使公款脱离单位的行为”这样的定义,只适用于前文所述的典型的挪用公款情形,对于解决本文所讨论的私存型公款的挪用行为认定问题则力有不逮。

实行行为并不意味着形式上符合构成要件的行为,而是具有侵害法益的紧迫危险的行为。① 要准确理解“挪”的内涵,需要看“挪”这一实行行为给挪用公款罪的法益带来哪些侵害。最高人民法院编撰的《刑事审判参考》中明确指出,“挪用公款罪行为的危害性本质上体现为:一是使公款脱离应有控制,二是使公款处于风险之中”。② 一方面,挪用公款犯罪中,公款所有权归属于单位,该公款理应由享有所有权的单位控制。款项是否被挪用,关键在于公款的控制权是否发生转移。③ 行为人“挪”的行为“非法改变单位公款的占有状态,将公款置于个人支配、控制之下”④,从而导致公款脱离单位的控制。另一方面,“挪”的行为使公款脱离单位控制转由个人控制,导致种种不可预料的情况发生,这可能会增加公款的风险。挪用公款罪正是基于此,对非法将“公用”转为“私用”、使公共财产处于风险之中的行为给予刑事制裁,避免公共财产因私用遭受损失。⑤ 这一点从刑法条文中根据三种不同用途设置不同的犯罪成立条件可以明显看出。也就是表明挪用行为给公款造成的风险系数越大,对成立犯罪的时间及数额要求越低,行为构成犯罪门槛越低。所以“挪”是指使公款脱离应有控制而处于风险之中的行为。

三、挪用“私存”型公款的认定

对于私存型公款,由于事先单位已经决定将公款存放于个人账户,这时单位无法直接对公款进行控制,而是通过个人进行间接控制。“挪”应当怎么理解,何种情况下可以构成挪用公款罪,我们要区分不同的情形,为便于分析,我们假设其他犯罪构成要件成立。

---

① 参见张明楷:《刑法原理》,商务印书馆 2017 年版,第 99 页。

② 最高人民法院:《杨培珍挪用公款案[第 574 号]——利用职务便利将关系单位未到期的银行承兑汇票背书转让用于清偿本单位的债务,同时将本单位等额的银行转账支票出票给关系单位的行为,不构成挪用公款罪》,载《刑事审判参考》2009 年第 4 辑。

③ 参见陈兴良、张军、胡云腾主编:《人民法院刑事指导案例裁判要旨通纂》,北京大学出版社 2013 年版,第 100 页。

④ 熊选国主编:《中国刑事审判指导案例(贪污贿赂罪、渎职罪、军人违反职责罪)》,法律出版社 2009 年版,第 303 页。

⑤ 参见最高人民法院:《杨培珍挪用公款案[第 574 号]——利用职务便利将关系单位未到期的银行承兑汇票背书转让用于清偿本单位的债务,同时将本单位等额的银行转账支票出票给关系单位的行为,不构成挪用公款罪》,载《刑事审判参考》2009 年第 4 辑。

（一）挪用行为导致公款脱离本人控制时可以入罪

对于“私存”型公款，因单位和保管人之间事实上形成的保管关系，可以把保管人视作单位的延伸，当个人的行为导致由其保管的公款脱离本人的控制时，单位也无法再继续对该款项进行间接控制，可以认定为“挪”，其他要件具备的可以入罪。如保管人将公款借给他人使用，这时公款脱离行为人控制，已经使公款实质上脱离单位控制，该行为导致公款处于风险难以控制的状态，可以构成挪用公款犯罪。

（二）挪用行为导致公款形态明显变化时可以入罪

当个人的行为导致由其保管的公款的存在形态改变时，如行为人把个人保管的公款用于购房、炒股，公款的存在形式由“款”变成了房屋、股票，虽然房屋、股票这些财产仍处于行为人的控制之下，但是公款的保管方式已经发生明显变化，单位原本能间接控制的“款”已经不存在，公款的安全也难以得到保障，所以应当认为公款已经脱离控制，这种使公款的存在形态发生改变的行为应当视为“挪”，其他要件符合的应当入罪。

（三）挪用行为未导致公款脱离控制的不宜入罪

对于行为人为非法占有公款利息，将个人保管的公款由活期转存为定期的，不论该款项是否经过其个人不同银行账户之间的转移，该公款均在保管人个人控制之下。这种情况下，公款的控制状态未变化，不存在公款脱离单位的情况，公款的风险也没有明显增加，单位对公款的使用权并没有明显受到侵害，行为人只有“用”的行为，并不存在“挪”的行为，所以该行为不宜认定为挪用公款罪。但是值得注意的是，公款活期转存为定期后，所产生的利息也是公款，不能为个人占有，行为人“用”的行为导致其非法占有的利息金额较大，符合贪污罪的入罪标准时，可以认定为贪污罪。

对于行为人将“私存”的公款购买理财的，现实中该种情形认定争议较大，应当结合使用方式具体认定。通常所说的理财，是指商业银行对潜在目标客户群分析研究的基础上，针对特定目标客户群开发设计并销售的资金投资和管理计划。根据预期收益、投资方式及方向、币种、获取收益方式等不同，理财产品的分类有多种，具体的风险也不同，因此不能一概而论，对于大型商业银行发行的收益较低、可以保证实时兑付的保本型理财产品，现实中理财产品和公款几乎都是随时兑换，公款的风险并没有显著提升，在单位有需求时可以随时保障单位正常使用，一般也不宜认定为挪用公款犯罪。但对于风险较高的理财产品，虽说理财产品仍处于保管人控制之下，由于理财产品的风险性，公款安全有了较大的不确定性，实质上公款的保管形态已经发生了明显变化，该种行为可以考虑入罪。

四、挪用金额的认定

“私存”型公款不同于典型的挪用公款，典型的挪用公款存在公款“单位”到“个人”的过程，所以因挪用而脱离单位控制的金额即是挪用公款的数额。但对于挪用“私存”型公款,犯罪金额的认定就较为复杂。如某国有单位领导决定将公款 100 万元存入该单位会计 A 个人工商银行账户,A 将该账户中的 100 万元借给朋友 B 作为业务周转资金,但 A 该账户内有个人资金 10 万元,同时 A 个人农业银行账户内也有个人资金 10 万元,这种情况挪用公款的犯罪金额应该是多少?

笔者认为,案例中挪用公款金额应当认定为 80 万元。因为货币是种类物,公款在私存入个人账户后就会和其个人账户内其他资金相混同,不论个人资金与公款处于同一账户还是不同账户。当行为人挪用 100 万元归个人使用时,很难说这 100 万元全部是公款,事实上区分 100 万元的组成也没有太大意义,从有利于犯罪嫌疑人角度认定挪用公款的金额为 80 万元,即挪用公款犯罪金额 = 挪用金额 - 个人账户内资金数额。

刍议量刑协商合意的撤回及其相关问题

杨　宇　周文龙　戴有举*

摘要：获得认罪认罚从宽处理是被追诉人的一项权利，检察机关有责任保障被追诉人在量刑协商中获得量刑优惠，只有在特殊情况下，公诉方才可以拒绝被追诉人提出的量刑协商要求。量刑协议是被追诉人基于自由意志与公诉方达成的协商合意，基于自愿性原则，被追诉人得自由撤回协商合意，而且，这种撤回不应遭受不利之后果。即使一审判决后，被告人仍可以反悔的方式提起上诉。但公诉方被赋予遵守量刑协议更重的责任，不得任意撤回。

关键词：认罪认罚　量刑协商　反悔与撤回　上诉

一、问题的提出

认罪认罚从宽制度，实则是一种量刑协商机制，既然是协商，那就必须基于双方的合意方可予以实施，如果只有一方的意愿，他方并不同意，就不能适用量刑协商程序。然而，是否认罪认罚，属于被追诉人自由意思的决定范畴，检察机关对此不能强求；但反过来，是否只要被追诉方提出量刑协商的要求，检察机关就必须与之进行量刑协商，而不得拒绝呢？被追诉方在自愿认罪认罚的基础上与公诉方达成量刑协商合意（以下简称量刑协议）后，能否又基于自由意思而撤回其意思表示，不同意量刑协议呢？同理，检察机关对双方达成的量刑协议能否予以撤回呢？紧随而至但又不得回避的问题是，如果被追诉方基于反悔而撤回，即面临着在量刑协商过程中被追诉人所作的有罪供述，在其后的审理程序中能否作为不利于被追诉方的证据使用？还有，撤回应否有期限上的限定，以及量刑协商程序中的被告人可否上诉？再者，不论是被追诉人的撤回，或者检察机关的撤回，均可能构成对于量刑协议的违反，这种违反又可能招致什么样的后果呢？厘清上述

---

* 杨宇，江苏省镇江市京口区人民检察院党组副书记，副检察长；周文龙，江苏省镇江市京口区人民检察院检察官；戴有举，江苏省镇江市京口区人民检察院原检察官。

问题，对于正确理解和适用认罪认罚从宽制度具有重要的理论和实践意义。

二、量刑协商的要约及其拘束力

量刑协议经由公诉方和被追诉人的双方参与而达成，因此，任何一方都可能向对方提出量刑协商的“要约”。一方面，在审查起诉环节，检察官依据职权，听取犯罪嫌疑人、辩护人或值班律师的意见，与犯罪嫌疑人、辩护人或值班律师进行量刑协商，在被追诉人同意认罪认罚的前提下，达成量刑协议。当然，在检察官提出被追诉人涉嫌犯罪的情况、基准刑和量刑优惠幅度的建议后，被追诉人对此量刑建议既可以接受，也可以要求进一步降低量刑幅度，甚或予以拒绝。也就是说，检察官依据职权提出量刑协商的“要约”，对被追诉人不具有拘束力，被追诉人对此量刑建议，具有接受与不接受的选择自由。另一方面，被追诉人在愿意认罪认罚的前提下，也可以主动向检察官提出量刑协商的请求，那么，被追诉人的这一请求量刑协商的“要约”，对公诉方有无拘束力呢？若持肯定的态度，公诉方对此要约不得拒绝；反之，如认为无拘束力，则公诉方得予拒绝。

权利说认为，认罪认罚是国家赋予所有被追诉人真诚悔罪、改过自新的一种机会与权利。① 既然是权利，公诉方当然不得任意拒绝和剥夺。职权说认为，从立法精神看，认罪认罚从宽应是专门机关的职权，是职责和权力的统称，而不是被追诉人的权利。② 既然属于公诉方的职权范围之事，自应由公诉方自行斟酌行使，被追诉人不能强邀公诉方进行量刑协商。本文认为，对于被追诉人提出的量刑协商之“要约”，公诉方原则上不得拒绝，以保障自愿认罪认罚的被追诉人能够享有从宽处理乃至量刑优惠的权利，但在例外情形下可以拒绝。

首先，权利说和职权说看似冲突，实则是从不同的视角而观察，二者有其共通的一面，即权利说是从被追诉人的角度出发，认为认罪认罚从宽是被追诉人的应享之权利，职权说是站在公诉方的立场，表明公诉方在行使职权时有责任保障被追诉人依法享有权利，比如，认罪认罚的被追诉人可以得到从宽处理。然而，权利说中的被追诉人要求量刑协商之权利属于相对权利，是需要通过公诉方的职权行使而达成。可是，权利的行使依法是可以受到限制的，职权的行使根据情况也可能需要斟酌裁量，二者在特殊情况下难免出现冲突，这也是二说中的应有之义，但这并不妨碍该二说的总体协调。再则，这里所说的权利受到的限制，仅是指被追诉人提出量刑协商的要约遭到拒绝，但并不妨碍其仍得享有认罪认罚从宽处理的待遇，只是这一“从宽处理”与经由量刑协商合意所获得的“从宽处理”相比，量刑减让的幅度可能要小一些而已。

其次，根据《刑事诉讼法》第 15 条的规定，被追诉人认罪认罚的，只是可以依法从宽

---

① 参见汪海燕：《被追诉人认罪认罚的撤回》，载《法学研究》2020 年第 5 期。

② 参见闫召华：《认罪认罚后“反悔”的保障与规制》，载《中国刑事法杂志》2021 年第 4 期。

处理。[①] 2019 年 10 月 24 日,最高人民法院、最高人民检察院、公安部、国家安全部、司法部《关于适用认罪认罚从宽制度的指导意见》(以下简称《指导意见》)第 8 条指出,可以从宽不是一律从宽,对犯罪性质和危害后果特别严重、犯罪手段特别残忍、社会影响特别恶劣的犯罪嫌疑人、被告人,认罪认罚不足以从轻处罚的,依法不予从宽处罚。可见,依据法律、相关司法文件精神,检察机关对于认罪认罚从宽处理具有斟酌裁量权,因此,对于被追诉人提出量刑协商的要求,公诉方并非必须一概同意,不排除予以拒绝的可能。

再次,本文的上述主张符合司法实务的需要。实践中,鉴于案件的性质、危害后果的程度以及恢复性司法等方面的原因,有些案件可能不适于量刑协商。例如,泄愤报复连续杀害多人的恶性案件,只能适用极刑,不存在量刑减让的幅度空间,此时的协商已毫无实际意义。对此,公诉方可以拒绝量刑协商的要求。又如,被追诉人虽然认罪认罚,但一直没有赔偿或补偿被害人的损失,被害人明确表示不予谅解,并坚决要求司法机关严惩的,此种情形,检察机关也不宜与被追诉人进行量刑协商,因而在提出宽大处理的量刑建议时,应当与那些与被害方达成和解协议或者提供赔偿的犯罪嫌疑人、被告人区别对待。再如,在刑事诉讼中,检察机关发现被追诉人对证人进行威胁、引诱,或者与他人串供的,亦得拒绝被追诉人提出的量刑协商要求。

最后,从比较法的角度看,根据美国联邦最高法院的判决要旨,若被告要求协商,而检察官拒绝,坚持要将案件付诸审判,被告不可以此为理由而向法院抗辩。[②] 因此,在美国,检察官并没有同辩方进行协商的义务。在我国台湾地区,被告或其代理人、辩护人仅能请求检察官声请,但无权自行声请;检察官亦不受其请求之拘束,仍得不提出声请。[③] 也就是说,检察官如果不愿与被追诉人协商,不愿进行协商程序,那么,被追诉人没有强邀检察官进行协商的权利。而本文的理解是,我国检察机关原则上有责任保障被追诉人量刑协商的权利,只有在例外情形下,才得拒绝被追诉人的协商要求,而且,这种拒绝既符合实务上的需求,也不会影响被追诉人适用认罪认罚从宽程序,因此,具有合理性。

三、被追诉人的撤回

被追诉人反悔的,是否允许其撤回协商合意?肯定说认为,法律应当赋予被追诉人反悔权,而且“不得因为被告人推翻之前的认罪认罚协议而对其产生不利后果”。限制说支持有正当理由的反悔,对于无正当理由的反悔,则不予支持甚至予以制裁。诉讼阶段区分说认为,“被告人在法院判决前,均可反悔”,在一审判决后被告人有权上诉,但是,对

① 《刑事诉讼法》第 15 条规定:“犯罪嫌疑人、被告人自愿如实供述自己的罪行,承认指控的犯罪事实,愿意接受处罚的,可以依法从宽处理。”

② 参见王兆鹏:《新刑诉·新思维》,中国检察出版社 2016 年版,第 138 ~ 139 页。

③ 参见林钰雄、王士帆主编:《刑事诉讼法》(下册),台北,新学林出版股份有限公司 2018 年版,第 359 ~ 360 页。

于不履行认罚内容或者无正当理由上诉(如以量刑过重为由上诉)的,检察机关原则上应当提起抗诉。①

上述三说无疑都肯认了被追诉人具有撤回权,只不过后二说对撤回权的行使附加了一定的要求,如理由或者期限等限制条件。除此之外,肯定说和诉讼阶段区分说各自还涵摄了其他方面的内容,如肯定说另包含了撤回后的证据力问题,诉讼阶段区分说则兼涉了上诉等问题,对于该二说中涉及的证据力、上诉等其他问题,本文将在下文中逐一论及。

就被追诉人是否应享有撤回权的问题,本文持肯定回答,并认为对此也不应附加理由以及期限等限制条件。

第一,限制说认为被追诉人具有正当理由时,才可以行使撤回权,这显然违背了认罪认罚从宽制度的内在属性,因为自愿性是适用认罪认罚从宽制度的前提条件,不论是在审查起诉阶段,抑或是在法庭审理阶段,认罪认罚的自愿性均属专门机关重点审查的要件之一。自愿性的含义表明,被追诉人既可以作出有罪供述,也可以不予供认犯罪,还可以在认罪后翻供,甚至在认罪与否的问题上出现多次反复,这是被追诉人自由意思的表现,公安司法机关不得强迫被追诉人认罪认罚,也不得阻拦被追诉人认罪认罚后又予以反悔。如果对撤回权的行使限定理由,则认罪认罚还能说是出于被追诉人的自由意志吗?恐难脱强迫自证其罪的嫌疑。同理,诉讼阶段区分说对撤回权行使作出期限上的限定,这同限制说中所附加的法定理由如出一辙,同样亦不符合认罪认罚的自愿性要求,难以赞同。

第二,根据权利说,适用认罪认罚从宽程序属于被追诉人的权利,而被追诉人撤回量刑协商合意,可以认为是一种放弃权利的行为,被追诉人既有行使权利的自由,同样也应有放弃权利的自由,怎么可以对撤回量刑协商合意这一放弃权利的行为加以限制呢?这在法理上说不通。

第三,撤回权的行使,意味着被追诉人在法庭审理中将作无罪、罪轻或者量刑辩护。辩护原则是刑事诉讼法的一项基本原则,也是被追诉人在刑事诉讼中应享有的最基本、最重要的诉讼权利,唯有保障被追诉人积极有效地进行诉讼抗辩,才能确保裁判决定的公正性和合理性。因此,对于被追诉人撤回量刑协商合意,拟作无罪、罪轻等诉讼抗辩的行为,公安司法机关不应加以拒绝或者附加理由、期限等限制条件。

第四,或许有人担忧,允许被追诉人随意撤回,可能造成司法资源的浪费以及诉讼的不当拖延。为此,有人建议,对于无因撤回,则不予支持甚至予以制裁;②亦有人主张,在

① 参见汪海燕:《被追诉人认罪认罚的撤回》,载《法学研究》2020 年第 5 期。

② 参见汪海燕:《被追诉人认罪认罚的撤回》,载《法学研究》2020 年第 5 期。

法院正式审判开启之前,被追诉人的自由撤回应以二次为限[①]。事实上,被追诉人的无因撤回或者自由撤回,均可能招致法律上的不利益。因为按照量刑协议判决,被追诉人可以获得量刑优惠,而如果被追诉人一旦撤回量刑协议,依法将转换程序,被追诉人可能无法享有原本的从宽优惠,所判处的刑罚将重于量刑协议。从这一点上来讲,对于被追诉人的任意撤回、无因撤回,法律已经预先设置了预防处置机制。因此,上述担忧,似无必要。

第五,承认被追诉人享有撤回权,符合规范意旨。《指导意见》第 51 条至第 53 条对认罪认罚的反悔和撤回作出了规定,明确了被追诉人在起诉前、审判阶段反悔的具体处理办法,实质上也是承认了一审判决前被追诉人的撤回权。虽然《指导意见》并未明确一审判决后的撤回认罪认罚问题,但如前所述,对撤回权的行使不应附加任何条件,解释上应认为一审判决后被追诉人仍得行使撤回权。

第六,本文注意到,有论者从比较法的角度指出,在美国的实践中,是限制被追诉人任意撤回认罪答辩的,美国律协《刑事司法标准》之《有罪答辩标准》14 - 2.1 也规定,在被告人进行有罪答辩或者不认罪也不申辩答辩后、量刑前,法院在被告人具备正当理由的情况下应允许撤回有罪答辩。这也说明撤回认罪答辩并不是被追诉人的绝对权利,相反它会受到某些限制。[②] 然而,在美国占优势地位的观点是:在作出认罪答辩到量刑之间撤回答辩不是被告人的权利。但同样清楚的是:在答辩被法庭接受之前撤回该答辩是被告人的权利。[③] 由于前者非属于被追诉人的权利,因而可以加以限制,而后者视为被追诉人的权利行为,所以被追诉人可以任意撤回。而在我国,认罪认罚从宽属于被追诉人的权利,根据这种逻辑,也应推导出对撤回不应附加任何条件。

四、公诉方的撤回

公诉方与被追诉人达成量刑协议后,能否基于反悔而予以撤回?一般认为,对于量刑协议并不能严格按照契约精神来履行,这是因为量刑协议的主体一方是强大的国家机关,另一方是弱小的普通公民,二者处于天然的不对等的地位,而且,在量刑协商过程中,检察机关起着主导作用。因此,量刑协议的约束力对双方并不一样,公诉方应承担更重的责任和义务。正如有学者所指出的那样,“根据契约精神,控辩双方均应当受协议内容的约束,有义务配合推动协议的履行。但这种约束对控辩双方来讲,其效力并不一样,对代表公权一方的检察机关的约束远大于对被告人个体的约束。”[④]即使持职权说的学者,

---

① 参见郭松:《认罪认罚从宽制度中的认罪答辩撤回:从法理到实证的考察》,载《政法论坛》2020 年第 1 期。

② 参见郭松:《认罪认罚从宽制度中的认罪答辩撤回:从法理到实证的考察》,载《政法论坛》2020 年第 1 期。

③ 参见[美]伟恩 · R. 拉费弗、杰罗德 · H. 伊斯雷尔、南西 · J. 金:《刑事诉讼法》(下册),卞建林、沙丽金等译,中国政法大学出版社 2003 年版,第 1093 页。

④ 汪海燕:《被追诉人认罪认罚的撤回》,载《法学研究》2020 年第 5 期。

也认为公诉方对达成的量刑协议不能任意反悔和无合理根据的违反。① 因此,公诉方的撤回,相对于被追诉人的任意撤回而言,将受到更为严格的限制。

为此,本文主张,公诉方在量刑协议成立后,不得任意撤回,只有在具有正当理由的情形下方可撤回。

(一)量刑协议成立的时点

确认量刑协议何时成立,对于公诉方可否行使撤回行为具有实益。笔者认为,根据《刑事诉讼法》第 174 条第 1 款的规定,量刑协议的成立,应当以犯罪嫌疑人在辩护人或者值班律师在场的情况下签署认罪认罚具结书之时为准。因此,在量刑协议成立之前,亦即在量刑协商过程中,即使双方已经达成了初步协商合意,只要未经被追诉人签署,公诉方即得任意撤回,或者修改业已获得被追诉人认可的量刑优惠条件,甚至重新提出量刑建议。但是,量刑协议一经成立,原则上即不允许公诉方作出变更或者撤回。这是国家机关公信力要求的使然,是诚信原则的体现。

(二)有因撤回的理由

量刑协议成立后,公诉方即被科以较重的责任以确保量刑协议得到执行,一般不得撤回。但是,如若出现了特殊情况,一概不允许公诉方行使撤回权,恐亦有失公平。

那么,公诉方在具备何种条件时,才准许撤回呢? 从域外国家或地区的辩诉交易或者认罪协商的考察来看,在美国,当认罪是检察官引诱的一部分或考虑的因素之一时,原则上不允许撤回。② 但若被追诉人不遵守协商时,检察官亦无须履行协商的约定,如果已履行的,可以请求法院回复原状;再有,如果检察官已履行协商之条件后,被追诉人未履行的,检察官得解除协商协议。③ 在德国,被告人在达成量刑协议后,违背承诺推翻有罪供述的,法院可以不再遵守原来的量刑协商方案。④ 在法国,如果刑事和解得到执行,公诉即告消灭。如犯罪行为人不接受或者不执行(检察院)提议(并经法官认可有效)的各项措施,除有新的因素之外,共和国检察官得发动公诉。⑤ 我国台湾地区"刑事诉讼法"亦规定,在被告违反与检察官协议之内容时,检察官有权撤回声请。⑥ 可见,域外法制对于公诉方的撤回设置了严格的条件,只允许有因撤回,其中被告方违反协商协议是域外国家和地区准许检察官撤回的共通原因。

---

① 职权说认为,从立法精神上看,认罪认罚从宽应是专门机关的职权,而不是被追诉人的权利。参见郭松:《认罪认罚从宽制度中的认罪答辩撤回:从法理到实证的考察》,载《政法论坛》2020 年第 1 期。

② 参见[美]伟恩 · R. 拉费弗、杰罗德 · H. 伊斯雷尔、南西 · J. 金:《刑事诉讼法》(下册),卞建林、沙丽金等译,中国政法大学出版社 2003 年版,第 1056 页。

③ 参见王兆鹏:《美国刑事诉讼法》(第二版),北京大学出版社 2014 年版,第 678 页。

④ 参见陈瑞华:《刑事诉讼法》,北京大学出版社 2021 年版,第 335 ~ 336 页。

⑤ 法国刑事诉讼中的"刑事和解"在一定程度上属于"认罪协商"。参见[法]贝尔纳 · 布洛克:《法国刑事诉讼法》,罗结珍译,中国政法大学出版社 2009 年版,第 332 ~ 333 页。

⑥ 台湾地区"刑事诉讼法"第 455 条之 3 第 2 项后段规定:"被告违反与检察官协议之内容时,检察官亦得于前项程序终结前,撤回协商程序之声请"。

据此，本文认为，在具备以下两个理由时，我国检察机关可以行使撤回权：一是情势变更。这主要包括两个方面的原因：(1)主要是原来指控犯罪事实的证据或者基础事实发生变化，使案件不再符合量刑协商条件。例如，随着审查的进展，发现犯罪嫌疑人没有构成犯罪或者不应当追究刑事责任的；(2)发现了新证据或新事实。例如，有证据证明被追诉人另有其他犯罪事实或者遗漏罪行的；再如，有事实表明，被追诉人正在威胁、贿买证人或者与他人串供的。二是被追诉人违反量刑协议。例如，被告人事后翻供的；又如，通过调解或和解获得被害人谅解，但被追诉人无理由而不履行已达成的赔偿、补偿协议，导致被害人反悔而要求司法机关予以严惩的。

五、撤回后的证据力问题

被追诉人撤回量刑合意后，其在量刑协商过程中的不利于己的陈述，能否作为证据使用？

对此，本文持否定回答。首先，“撤回”是指撤退回来，其中“回”是指走向原来的地方，因此，“撤回”意味着返回到原先的状态，也就是恢复到被追诉人与公诉方尚未进行量刑协商之前的状态，因而双方在协商过程中的对话陈述应视为未曾发生或者被“清零”。其次，被追诉人之所以选择认罪认罚，最主要的诱因就是基于公诉方所许诺的量刑优惠。如若被追诉人一旦撤回协商合意，不仅将得不到量刑减让的优惠，而且其作出的认罪认罚陈述反而又成为了不利于己的有罪供述，这对被追诉人而言，显不公平。因为量刑协商也是被追诉人的权利，无论是行使或者放弃这项权利，都属于被追诉人自由意志的决定范畴，不能因为行使或放弃权利的行为而招致不利后果。再次，如持肯定的立场，可能有碍认罪认罚从宽程序的价值目标之实现。因为一旦协商破裂，被追诉人在量刑协商中的所有陈述都将被作为不利于己的证据使用，“检察官将可轻易以协商为诱饵而取得被告不利于己及其他共犯之陈述，而被告亦会因此而畏惧协商。”[①]最后，从域外经验来看，根据《美国联邦刑事诉讼规则》第11条的规定，被告人作出过后来撤销了的有罪答辩的证据，包括在答辩程序中对检察官以及法官做过的任何陈述都不能用来反对他。[②] 在德国，法庭应及时告知被告人，对被告人之前所作的有罪供述不做法律评价，以确保被告人拥有反悔的自由。[③] 在法国，如果所进行的程序被撤销，法庭不得再考虑被告人此前在被撤销的程序中所作的供述。[④] 我国台湾地区“刑事诉讼法”亦有相关的限制规定。[⑤]

---

① 林钰雄、王士帆主编：《刑事诉讼法》（下册），台北，新学林出版股份有限公司2018年版，第358～359页。

② 参见[美]约书亚·德雷斯勒、艾伦·C.迈克尔斯：《美国刑事诉讼法精解：第2卷·刑事审判》（第4版），魏晓娜译，北京大学出版社2009年版，第184页。

③ 陈瑞华：《刑事诉讼法》，北京大学出版社2021年版，第335～336页。

④ 参见[法]贝尔纳·布洛克：《法国刑事诉讼法》，罗结珍译，中国政法大学出版社2009年版，第503页。

⑤ 台湾地区“刑事诉讼法”第455－7条规定，“法院未为协商判决者，被告或其代理人、辩护人在协商过程中之陈述，不得于本案或其他案件采为对被告或其他共犯不利之证据”。

六、上诉问题

认罪认罚案件经由一审判决后，是否允许上诉？否定说认为，应当确立认罪认罚案件一审终审制，即在立法上明确规定，“适用认罪认罚从宽制度办理的案件，被告人不得上诉”。其理由是：(1)剥夺上诉权可以提高认罪认罚案件的办理效率，避免司法资源的浪费。(2)认罪认罚具结书实质上就是专门机关与被追诉人之间的契约，被追诉人不仅认可指控意见，还同意了程序选择，对于法院在控辩双方“协商结论”的基础上作出的判决，应当视为被追诉人已自愿放弃了上诉权。(3)从逻辑上看，既然被追诉人认罪认罚是自愿的，那么就很少有人会提起上诉，而实践中，上诉率确实也不高，所以，如果采取一审终审，受此影响的被追诉人数量不会太多。(4)即便实行一审终审，被追诉人依然享有充分的权利保障机制，包括审前各阶段的权利告知、律师的有效法律帮助、法院对认罪认罚自愿性及具结书真实性、合法性的审查以及判决确有错误时的再审机制。(5)在实行辩诉交易或认罪协商制度的国家，也有不少严格限制上诉权、实行一审终审的范例。[①]

可是，首先，从总体上看，否定说似乎是一种立法论，而不是解释论。其次，就其具体理由的第(1)点来看，效率并非认罪认罚从宽制度中的唯一价值目标，也并不是其终极目标，在效率与公平发生冲突时，应以公平正义为其最终追求目标。就第(2)点来看，将被追诉人同意量刑协议，视为放弃上诉的推定承诺，这种事实推定恐怕是普通的被追诉人所无法预料和认识到的，而且也缺乏法律上的依据。就第(3)点来看，上诉率的高或低，似不应影响被告人的上诉救济权。就第(4)点“即便实行一审终审，被追诉人依然享有充分的权利保障机制，……”的表述来看，这里的逻辑前提错误，即我国明确实行的是二审终审制，怎么能随意以“一审终审制”为其论说之前提呢？这于法无据。就第(5)点来看，的确如论者所说，“在实行辩诉交易或认罪协商制度的国家，也有不少严格限制上诉权、实行一审终审的范例。”但是，也存在相反的范例，例如，在德国，法院对于双方达成量刑协议的案件所作的判决，被告人和附属起诉人仍然保留提起上诉的权利。对此上诉权利，法律不作任何限制。[②] 由此可见，否定说的理由，要么缺乏法律根据，要么就是说理不够充分，难以服人。

还有一种限制说主张，只允许被告人在限定的理由范围内提出上诉，对不属于法定理由范围内的上诉，裁定不予受理。另外，协议放弃说本质上也是一种限制说，“即将放弃上诉作为认罪认罚案件中‘从宽协商’的预设前提或最终的协商条款”，在具结书中要求自愿认罪认罚的被追诉人明确放弃上诉权，声明放弃后再提出上诉的，不予受理。[③]

该两说均欠妥当。我国的上诉属于权利上诉，当事人只要对一审判决、裁定表示不

---

① 参见闫召华：《认罪认罚后“反悔”的保障与规制》，载《中国刑事法杂志》2021 年第 4 期。

② 参见陈瑞华：《刑事诉讼法》，北京大学出版社 2021 年版，第 334～335 页。

③ 参见闫召华：《认罪认罚后“反悔”的保障与规制》，载《中国刑事法杂志》2021 年第 4 期。

服,即可提起上诉。对此,二审法院无须进行实质审查,而应自动受理,并启动二审程序。因此,以限定理由的方式来限制上诉的限制说,显然是违背法律规定的。协议放弃说与上述的放弃上诉的推定承诺如出一辙,已如前述,不值得支持。需要指出的是,协议放弃说这种做法虽然曾经在德国的认罪协商实践中较为流行,但德国联邦最高法院在2005年确认了协商式判决原则上的合法性和保护被告人不被强迫提前放弃上诉权的必要性。据此,在协商过程中,不得诱使被告人或其律师,甚至要求他们承诺不会针对判决提出上诉。①

综上,我国实行的是二审终审制,被告人的上诉属于权利上诉,只要不服一审判决,无须提供任何理由,即可上诉。既然如此,自无禁止被告人以认罪认罚反悔为由而提起的上诉。

① 参见[德]托马斯·魏根特:《德国刑事程序法原理》,江溯等译,中国法制出版社2021年版,第221~222页。

民事非诉执行检察监督的基础实践与质效优化探析

——基于近年来民事非诉执行检察监督工作的实证分析

江苏省扬州市人民检察院课题组*

摘要:“非诉”是重要的纠纷替代性解决程序,当事人得以申请国家强制力以实现民事非诉法律文书确定的内容。检察机关对民事非诉法律行为进行监督,具有权能保障、权利保护、权力制约等多方面的积极作用,最高人民检察院也部署开展了民事非诉执行专项法律监督活动,并取得实效。本文通过对民事非诉执行的法律规定、执行及监督现状进行实证分析,希望真正找准问题、分析根源,在方法论层面上提出切实的可行破解方法和行之有效的路径,来优化民事非诉执行活动整体质效。

关键词:民事非诉执行　法律监督　仲裁裁决

一、民事非诉执行及其法律监督概述

(一)民事非诉执行监督词义解析

“非诉”①的概念来源于美国的 ADR 机制,是一种替代性纠纷解决程序,但现行《民事案件案由规定》并无民事非诉执行这一单独案由规定。有观点认为,民事非诉执行是指依法成立的机关或者机构,依照法律的规定,就当事人特定的民事权益争议作出的具有执行内容的法律文书,因义务人不履行该法律文书所确定的义务,权利人向人民法院

---

* 课题负责人:秦辉,扬州市人民检察院党组成员、检察委员会专职委员;李秀华,扬州大学法学院教授。课题组成员:袁丹彤,扬州市人民检察院第五检察部主任;姜奕,扬州市人民检察院院检察官助理。本文为 2021 年度最高人民检察院检察应用理论研究课题“民事非诉执行检察监督的基础实践与质效优化探究”的部分研究成果。

① 按照《元照英美法词典》的解释,“非诉”是指使用诉讼以外的方法来解决纠纷,如仲裁、调解等。“非诉”强调的是纠纷解决不适用“诉讼程序”,但其目的指向,仍落脚于纠纷解决。

提出申请,由人民法院实施执行的制度。①

本文认为,因民事非诉相对于民事诉讼而言,既有纠纷解决机构的不同,还有纠纷解决程序适用的差异。解决纠纷的司法主体,包括法院公证机关、仲裁机构等非诉职能机构。法院主管的民事纠纷中司法程序存有差异性,包括普通审判程序和特殊程序(诸如支付令、司法确认调解协议效力、申请实现担保物权裁定等)等。因此,我们认为,仅将非诉执行界定为当事人以非诉机构出具的具有执行内容的法律文书,申请法院强制执行的制度的观点具有一定的片面性,未能全面反映"非诉"的实质要义,也与我国的法律规定、民事执行的现状不符。

基于上述分析,民事非诉执行监督可理解为,人民检察院依据《人民检察院组织法》的授权,依法对民事非诉机构出具的,或者经由法院特定的非普通诉讼程序而做出的,具有执行效力与执行内容的法律文书的执行情况进行监督的制度。

(二)民事非诉执行法律监督之必要性分析

1. 实现权能保障和权利保护。国家通过法治化手段,使仲裁机构、公证机关等"非诉"机构或法院经非诉讼程序作出的,具有确定的权利义务关系和明确给付内容的法律文书具有与诉讼文书同等的法律效力,并赋予上述文书可被申请强制执行的权能。这种法律化控制不仅肯定了非诉机构和非诉程序在替代性纠纷解决机制中的作用和贡献,还免除了此类法律文书效力虚置之虞,进而阻却了当事人对非诉文书进行"自力救济",最终实现了法运行中的体系与逻辑自洽,实现了非诉程序的权能保障和对当事人的权利保护。

2. 实现权力制约和推进法治建设。民事非诉执行法律监督以法院的执行权的运行为直接监督对象,涉及对非诉文书的实质审查,对非诉文书执行行为的监督,以及对非诉机构、作出非诉执行法律文书的行为与程序是否合法的审查。如此,检察机关在对民事非诉执行活动进行监督时,也监督了其他民事"非诉"机构及其公职人员的行政行为,这种监督无疑有利于实现权力制约,推进法治社会建设。

3. 服务执行实际和体现监督实效。"执行难""执行乱"不仅长期困扰和制约法院执行工作,也引发社会各界普遍关注。② 在民事非诉执行工作中也存在超标的执行、滥用终结执行程序、消极执行、选择性执行等情形,因此,检察机关依法开展执行监督工作,既是

---

① 该观点来自正义网,是目前检察机关乃至法律界对民事非诉执行较为权威、完整的概念表述。载 http://www.jcrb.com/xztpd/2015zt/sanyue/jcfcyl_41363/wenhua/201806/t20180615_1877051.html,最后访问日期:2020 年 8 月 5 日。而本文认为,应基于"非诉"的本意分析,将法律、司法解释规定的,经非诉讼程序但具有强制执行效力的法律文书,或诉讼中具有暂时性执行内容,但非诉讼终局性确定权利义务关系的法律文书(前者如仲裁机构、劳动人事争议机构出具的调解书;后者如法院作出的诉讼保全裁定、先予执行裁定等),均应纳入民事非诉执行的法律监督视野。

② 参见童兆洪:《关于缓解执行难和治理执行乱的认识和思考》,载《法律适用》1998 年第 4 期。

执行工作“一性两化”[①]工作的客观需求，也有利于提升法院执行权威和司法公信力。2018 年 3 月，最高人民检察院部署开展民事非诉执行监督专项活动，重点监督民事非诉法律文书执行中的违法情形，从源头上促进仲裁和公证严格依法规范进行。[②] 依法监督和支持法院依法执行，配合法院做好释法说理工作，主动开展司法救助，依法查办拒执犯罪等，既可凸显检察工作实绩，也利于提升法院司法公信力和执行权威。

（三）民事非诉执行及其监督的相关规定

1. 检察机关监督地位与具体权能的明确。《宪法》第 134 条和《人民检察院组织法》第 2 条均将人民检察院的性质定位为国家的法律监督机关。《人民检察院组织法》第 20 条规定，人民检察院对诉讼活动，对判决、裁定等生效法律文书的执行工作，均有实行法律监督的职权。民事非诉执行工作是民事执行工作的一部分，检察机关对该项工作进行监督是行使监督权能的应有之义和必然要求，上述条文为检察机关开展民事非诉执行活动监督提供了基本法律依据。

2. 关于民事非诉执行的文书种类界定。2016 年最高人民法院、最高人民检察院《关于民事执行活动法律监督若干问题的规定》第 1 条明确规定人民检察院与人民法院在民事执行活动中的监督与被监督关系；第 3 条确定人民检察院对人民法院执行生效民事判决、裁定、调解书、支付令、仲裁裁决以及公证债权文书等法律文书的活动实施法律监督。2017 年最高人民法院发布的《人民法院办理执行案件规范》第 16 条以不完全列举的形式，明确了人民法院据以强制执行的发生法律效力的具有给付内容的法律文书的种类。实务中，将支付令、仲裁裁决、调解书；劳动人事争议仲裁裁决书、调解书；公证债权文书等列为常见的民事非诉法律文书，通常没有争议。也有法官认为对该条第 1 项中的“准予实现担保物权、确认调解协议、财产保全、证据保全、先予执行等民事裁定”也应同样倾向于视为民事非诉法律文书。

3. 最高人民检察院对非诉执行活动的强化监督。在上述司法解释之外，最高人民检察院 2021 年颁布了《人民检察院民事诉讼监督规则》（以下简称《规则》），《规则》于 2021 年 8 月 1 日起实施。《规则》第 104 条以不完全列举的形式，明确了在生效民事判决、裁定之外，人民检察院可对生效调解书、支付令、仲裁裁决以及公证债权文书等法律文书的执行活动进行监督。《规则》同时明确，办理民事非诉执行监督案件参照《规则》第六章规定的对审判人员违法行为的监督、第七章规定的对执行活动的监督的有关规定执行。

---

① “一性两化”是指强制性，规范化、信息化。参见雷运龙、王利群：《执行工作应当进一步依法突出强制性》，载 http://jszx.court.gov.cn/main/ExecuteResearch/233835.jhtml，最后访问日期：2020 年 10 月 12 日。

② 参见 2018 年 10 月 24 日在第十三届全国人民代表大会常务委员会第六次会议上，最高人民检察院检察长张军所作的《最高人民检察院关于人民检察院加强对民事诉讼和执行活动法律监督工作情况的报告（摘要）》。

二、民事非诉执行案件办理现状及原因分析

(一)法院民事非诉执行案件样态分布

1. 常见民事非诉执行法律文书种类。可比照前文从纠纷解决主体和纠纷解决程序两个维度,厘定民事非诉执行的概念。查询中国裁判文书网①,可以看出,民事执行案由下主要设置了支付令、国内涉外仲裁裁决、国内非涉外仲裁裁决、公证债权文书、经司法确认的调解协议、实现担保物权裁定等六种主要的民事非诉法律文书,法院对非诉民事执行案件执行适用的法律文书类型主要包括判决书、裁定书、调解书、决定书、通知书、令以及其他法律文书。

2. 主要办案数据分析。经统计 2019 年 1 月 1 日至 2021 年 10 月 2 日的六种主要民事非诉法律文书办案数据如下(见表 1)。其中,位居前三的文书分别是国内非涉外仲裁裁决,有 103,335 件;公证债权文书,有 21,756 件;经司法确认的调解协议,有 9462 件,所占比例分别为 73.5%,15.5% 和 6.7%。

表 1 六种主要非诉执行法律文书的年度办案情况

单位:件

项目 时间	支付令	国内涉外仲裁裁决	国内非涉外仲裁裁决	公证债权文书	经司法确认的调解协议	实现担保物权裁定	合计
2019 年	1355	72	13,229	2749	2976	18	20,399
2020 年	2154	576	45,937	9808	4524	64	63,063
2021 年	1237	458	44,169	9199	1962	39	57,064
总计	4746	1106	103,335	21,756	9462	121	140,526

此外,根据非诉执行法律文书在执行中适用的审判程序的不同,可以进一步细分为执行实施、执行审查、其他执行三种执行行为(见表 2)。其中执行实施行为占比最高,为 96.33%。申请执行实施绝对案件数量,位居前三的是国内非涉外仲裁裁决有 103,331 件,占 73.53%;公证债权文书有 21,754 件,占 15.48%;经司法确认的调解协议有 9462 件,占 6.73%。这说明,当事人对国内仲裁裁决、经司法确认的调解协议、支付令等民事法律文书存在"两高一低"的现象,即当事人对此类司法行为的认可度高,对法律文书本身确定的权利义务关系认可度高,但当事人自觉履行率低,较大程度上需要申请法院强制执行。

① 数据来源于中国裁判文书网,https://wenshu.court.gov.cn/,统计时段:2019 年 1 月 1 日至 2021 年 10 月 2 日。

表2 六种主要民事非诉法律文书在3个程序中的分布样态

单位:件

项目 程度	支付令	国内涉外仲裁裁决	国内非涉外仲裁裁决	公证债权文书	经司法确认的调解协议	实现担保物权裁定	合计
执行实施	4717	1074	101, 045	18, 999	9407	120	135, 362
执行审查	26	32	2258	2748	53	1	5118
其他执行	3	0	28	7	2	0	40
总计	4746	1106	103, 331	21, 754	9462	121	140, 520
百分比	3.38	0.79	73.53	15.48	6.73	0.09	100

3. 关于对民事非诉保全的监督。需要说明的是,非诉保全审查主要涉及法院对当事人提出的民事非诉类财产保全审查、行为保全审查、证据保全审查,以及对民事非诉行为保全的复议这四类行为。对此四类行为,应对照《民事诉讼法》及其司法解释,以及有关保全的规定,以审判违法监督为侧重点。对裁定保全后执行行为,应对照《规则》第七章的规定,进行执行行为监督。

(二)检察机关对民事非诉执行行为监督现状

1. 工作部署情况。2018年10月24日,最高人民检察院检察长张军在第十三届全国人民代表大会常务委员会第六次会议上作关于人民检察院加强对民事诉讼和执行活动法律监督工作情况的报告。张军检察长在报告中指出,检察机关加强民事执行活动监督,2013年1月至2018年9月,对明显超标的执行、消极执行、选择性执行、违法处置被执行财产等违法情形提出检察建议135, 145件,法院采纳123, 914件,采纳率为91.7%。[①] 2018年3月,最高人民检察院部署开展民事非诉执行监督专项活动,重点监督民事非诉法律文书执行中的违法情形。

2. 民事非诉执行监督情况。自2018年最高人民检察院部署重点开展民事非诉执行法律文书执行中的违法监督情形以来,各地都对民事非诉执行活动的法律监督开展了多种探索和实践。民事检察部门重点部署开展了民事非诉法律文书执行监督工作,重点调研分析民事非诉执行监督的关键环节、重点领域和重要监督点,认真办理当事人民事非诉执行监督案件,做好释法说理工作。如2018年年底,扬州市检察院提请并推动市委政法委开展民事行政审判及民事执行活动两个专项督查活动,维护法秩序稳定,促进和谐社会构建。

3. 当前民事非诉执行监督存在的问题。一方面,总体面临案源少,成案率低,办理大要案经验匮乏,监督质效不高等情形。查询中国检察网数据可知,近一年公布的87, 567

① 《全国检察机关五年对执行违法情形提出检察建议135145件》,载正义网,http://news.jcrb.com/jszx/201810/T20181024_1918448.html,最后访问日期:2021年10月15日。

份法律文书中,仅有4件民事非诉执行案件的程序性办案文书进行了公开,占全部公开文书比例的4.57%。[①] 另一方面,群众对民事非诉执行的救济途径不明了,对司法救济权利运用不正确、不充分,对有限监督原则不理解,对检察机关寄望过高等的情形也客观存在,这增加了做好群众工作的难度。

(三)当前问题的原因分析

1.案源掣肘未得到解决。一是非诉执行监督案件总体案件体量小,占比低,当事人申请监督少。当事人仍多倾向于诉讼方式,即经普通审判程序解决民事纠纷。查询中国裁判文书网可知,2019年1月1日至2021年10月2日,法院公布的9,024,560件民事执行案件中,民事非诉执行案件有166,924件,占1.85%。[②] 因此相较于普通的民事执行案件,经当事人申请进入检察监督视野的民事非诉执行案件相对更少。二是检察机关暂时难以获取有效信息以对此类案件开展依职权监督。主要是民事非诉执行案件公开程度不足,检、法两院尚未建立常态化的信息互通机制,中国裁判文书网查询情况显示:国内涉外仲裁裁决和国内非涉外仲裁裁决两类文书的公开度较高,均能查阅法院裁判文书。而支付令、公证债权文书、经司法确认的调解协议、实现担保物权的法律文书则存在公开标准、尺度不一致的情形,在一定程度上限缩了依职权办案的案源。

2.对民事非诉执行监督工作把握不准。一是对民事非诉执行的监督范围把握较为狭窄。仅以公证机关、仲裁机构出具的法律文书的执行行为为监督对象,而基本上未将法院做出的支付令、经司法确认的调解协议,非诉保全审查的判决书、裁定书、令、通知书等法律文书的执行行为,纳入非诉执行监督的范围。二是对民事非诉执行怎么开展监督尚未厘清。主要是对检察权能履行与当事人权利保障关系,检、法之间的权力制约与协调协作关系,以及检察院与公证机关、仲裁裁决机构的间接监督关系等,尚未形成系统性、体系化、自洽性的办案方法,用于指导办案实践。

3.对检察监督权利救济认识不到位。一方面当事人对检察监督寄望过高。如准司法机构、法院非诉程序所做出的文书系当事人欺骗所得,承受不利后果的另一方当事人常会请求检察机关对虚假诉讼或恶意诉讼行为予以规制,如要求检察机关查明案件事实,或者要求检察机关查明公证员、仲裁员存在贪污受贿、枉法裁判行为并据此撤销公证文书、仲裁裁决等,但对法院司法审查程序前置和检察机关有限监督不理解。另一方面,对当事人的权利救济路线认识不到位。主要是对执行违法行为申请监督的,未按照《规则》第28条的规定,在执行异议、执行复议和执行异议之诉等程序终结后,请求检察机关进行监督。

---

① 载12309中国检察网,https://www.12309.gov.cn/12309/zjxflws/index.shtml,最后访问日期:2021年10月3日。

② 数据来源于中国裁判文书网,https://wenshu.court.gov.cn/,统计时段:2019年1月1日至2021年10月2日。

三、优化民事执行监督工作质态的路径思考

(一)明确监督原则,确保依法履职

1. 坚持有限监督原则。要在法定权限范围内,运用法定监督手段对特定对象进行监督。从监督对象来看,它不以当事人的民事非诉活动,公证机关、仲裁机构的准司法行为为直接监督对象,而是直接以法院的民事非诉案件执行活动为监督对象。从监督程序来看,对民事非诉行为监督必须遵循和尊重法院司法审查前置程序,未经法院司法审查程序检察机关不得监督;对当事人未穷尽法院救济程序且未审理终结的执行的监督申请,检察机关亦不得受理。

2. 坚持全面监督原则。坚持对执行审查权和实施权进行全面审查,对准司法机构的法律文书,既要审查法院的司法审查行为是否合法,还要对执行活动进行监督;而对法院作出的支付令、实现担保物权的裁定书、经司法确认的调解协议等,则要重点对文书做出的程序、文书的执行活动是否合法进行审查。坚持对人、对事监督并重,对可能存在的消极执行、选择性执行、乱执行、执行人员违纪违法等问题线索,坚持深挖彻查,发现隐匿其后的执行人员存在的违法犯罪、违规办案等问题;对公证、仲裁机构可能存在的违法犯罪、工作瑕疵等情形,可根据具体情况移送线索或者提出改进工作检察建议等。坚持个案与类案监督相结合,对违法情形严重,引领示范的案件,宜采用个案监督;而对个案中带有普遍性的同类执行违法行为,则宜进行类案监督。

3. 坚持事后监督原则。正确认识检察权的程序性和建议性,它是平行机关之间的提醒和防错机制,要谦抑行使,仅在法定监督情形出现以后,才能启动法律监督程序。① 从语义和司法实践来看,通常所谓事后监督,是指违法之"事"已经发生,包括违法行为正发生或已结束两种情形。而检察机关只能对已经发生的违法行为进行监督,只有在行为发生后才可能要求追究责任或纠正错误。② 特别是依职权监督案件,要从违法情形的性质、程度、阶段等方面,从严把握监督条件,防止出现疏于履职和过度监督的问题。

(二)明确监督重点,坚持点面结合

1. 准确界定监督范围。实践中,将仲裁裁决、调解书;劳动人事争议仲裁裁决书、调解书;公证债权文书,支付令的执行活动等纳入非诉执行监督视野,并无争议。但对《规则》第 104 条规定的"等外"情形尚不明确。虽然法院也将包括支付令、经司法确认的调解协议等六种执行案由,并列归于一类执行案由之下,但对于是否能将准予实现担保物权、确认调解协议、财产保全、证据保全、先予执行等民事裁定等纳入民事非诉执行检察监督范围,理论界和实务界尚未形成一致性意见。本文认为,从纠纷解决主体、程序的非

---

① 参见孙谦:《新时代检察机关法律监督的理念、原则与职能(上)——写在新修订的人民检察院组织法颁布之际》,载《检察日报》2018 年 11 月 3 日,第 3 版。

② 参见郭兴莲、孙加瑞:《民事检察监督应遵循五个原则》,载《检察日报》2011 年 10 月 24 日,第 3 版。

诉讼性两个维度来理解“民事非诉”的本质，将经由非诉讼机构作出的，具有执行效力的民事法律文书；或由法院主管但未经普通审判程序作出的，具有执行效力的法律文书的执行活动，作为民事非诉执行的监督范围较为适宜。

2. 紧盯关键执行环节。密切关注法院的民事非诉执行行为是否损害国家利益或者社会公共利益，是否造成重大社会影响。抓住执行活动“裁执分离”两个关键点，对执行审查行为，应审查非诉民事执行法律文书是否系非法取得，法院对民事非诉法律文书是否执行的裁定是否正确，并重点审查确定法律文书是否存在以下几种情形：人民法院作出的查封、扣押、冻结、划拨、变价财产等裁定是否错误；人民法院作出的强制措施是否符合法定条件；人民法院作出的裁定、决定是否具有违法情形等。对法院强制执行行为，要审查确认法院是否存在不正当的积极执行行为或怠于履行执行职责的行为，导致执行行为违反法律规定的情形。如超标的执行，对同一标的物重复查封、扣押、冻结，未“依序轮候”执行等，以及选择性执行，作出准予执行裁定后未采取（适当）执行措施等。

3. 注重办案提质增效。坚持办案数量、质量、效果统一，努力破解案源少、监督不足的现实问题，实现案件规模增长和办案质效提高。针对民事非诉执行案源不足问题，加强与人民法院、仲裁机构、公正机关的联系和沟通，建立健全信息通报、联席会议、衔接配合等工作机制，尤其要注意加强检、法两院的信息交互，推进解决法律文书公开不充分问题，为发现有效监督线索做好基础性工作。同时，对案件反映的倾向性、趋势性问题，要深入分析查找原因，及时发出高质量检察建议，努力实现“办理一案、治理一片”的效果。

（三）找准监督发力点，促进同向共赢

1. 找准问题精准发力。针对现阶段工作基础薄弱，案源不多，队伍监督素能不足，精品化、典型性案例不多等客观情况，一方面，扎实解决受案难问题。探索通过建立大数据平台，实现执行案件信息共享和实时监督；对民事非诉执行的突出问题或同类非诉法律文书进行“专项监督”等；建立检察机关内部双向移送、信息共享、协作配合机制，全面梳理排查案件线索。另一方面，务求实效办好案。对工作中的重难点、热点问题，坚持以实战促实训，实训求实效为导向，全面提升办案质效；用好司法人员职务犯罪侦查权，做好对人对事监督；加强跟进监督，坚持民事非诉执行监督案件化办理和类案化办理；对提出的检察建议要加强跟踪问效，把每一件民事非诉执行检察建议做成刚性监督。

2. 坚持同向借力共赢。将民事非诉执行活动监督纳入司法解决、政府解决和社会解决的大视野中看待，作为一项系统性社会工程来抓，通过广泛借力、深度调动外部资源来提升监督质效。找准“行政督察”+“法律监督”的共同出发点和职能结合点，提请政法委联合公、检、法、司共同开展督察活动。广泛借助高校专家学者、资深律师的智慧，听取他们在集中开展专项督察、探讨疑难问题、办理重大复杂案件时的意见和建议。通过巧借外力，共同推进民事非诉执行工作开展。

3. 夯实硬基础和提升“软实力”。一是夯实硬基础。持续加强队伍素能建设，锻造有力、有效履职的专业化检察队伍。稳步提升办案规模和质效,强化办理民事非诉执行案件的规范化、精品化,推进办案成果的制度性转化。二是提升软实力。用“两微一端”做好法律宣讲、职能宣传、以案释法等工作,让非诉民事执行监督工作更贴近群众、服务群众。坚持监督法定性与必要性相结合,用好案例指导制度、类案监督机制、听证机制等,发挥典型案例的引领示范作用,保障法律统一正确实施,促进矛盾化解,切实提高监督的精准性和权威性。

大数据视野下的公益诉讼案件线索筛查问题研究

江苏省无锡市锡山区人民检察院课题组*

摘要:党的十九届四中全会提出要推进国家治理体系和治理能力现代化,公益诉讼作为新一轮检察改革的重点之一,是提升国家治理体系和治理能力的重要抓手。在大数据时代背景下,检察公益诉讼要实现跨越式的发展离不开大数据的支撑。聚焦公益诉讼线索筛查中的理念认识、采集方向和分析方式三大难题,必须按照数据优先的理念,构建以执法监督数据为核心,社情民意数据为支撑的数据中心;利用AI人工智能研发公益诉讼智能研判平台,实现线索的智能化、规模化筛查。

关键词:公益诉讼　大数据　智能研判平台

党的十九届四中全会作出《中共中央关于坚持和完善中国特色社会主义制度、推进国家治理体系和治理能力现代化若干重大问题的决定》(以下简称《决定》),提出"加快推进市域社会治理现代化",具有重大理论意义和实践意义,有效的市域社会治理能将风险隐患化解在萌芽、解决在基层,而法治则是重要保障和重要内容。《决定》明确提出要拓展公益诉讼案件范围,这使公益诉讼工作拓展到了社会治理的更多方面,步入跨越式发展阶段,成为推动社会治理的新力量。在取得成绩的同时,不容忽视的是,线索发现难仍然是困扰检察公益诉讼发展的"瓶颈",迫切需要寻找解决路径。而在信息化迅猛发展的时代背景下,通过发挥大数据的优势助力检察公益诉讼的发展成为了当前各地检察机关探索的重点。为此,本文拟通过实证分析,深入分析公益诉讼与大数据融合的必要性,并以问题为导向,提出公益诉讼大数据运用路径,以进一步提升治理体系和治理能力现代化。

---

* 课题负责人:何莹,无锡市委编办主任;朱勇,无锡学院人文法政学院法律系主任、副教授。课题组成员:莫斯敏,无锡市锡山区人民检察院第四检察部主任;王鹤,无锡市锡山区人民检察院办公室主任;杨帆,无锡市锡山区人民检察院第四检察部副主任。本文为2021年度最高人民检察院检察应用理论研究课题"大数据视野下的公益诉讼案件线索筛查问题研究"的部分研究成果。

一、公益诉讼与大数据深度融合的基础

(一)深度融合的时代背景:检察信息化建设发展迅猛

近年来,检察信息化建设发展迅猛。最高人民检察院检察长张军要求,“把司法改革和现代科技应用结合起来,统筹研发运用智能辅助办案系统,积极参与和推进大数据办案平台建设,推动新时代检察(公益诉讼)工作质量效率有新的提高”。“大数据具有 4V 特征,即海量的数据规模(Volume)、快速的数据流转和动态的数据体系(Velocity)、多样的数据类型(Variety)、巨大的数据价值(Value)”。[①] “‘智慧检务’是通过大数据、云计算、人工智能等新技术,打造集‘信息感知、网络传输、知识服务、检务应用、运行管理’五维一体的检察信息化应用体系”。[②] 最高人民检察院已明确把检察监督信息化建设作为科技强检的重点工作,智慧检务建设正在稳妥推进。在公益诉讼工作发展的总体框架下,检察机关更需要借力“大数据”,结合智慧检务发力,以转变传统办案模式,克服公益诉讼面临的实际问题,推动检察公益诉工作更快更好地发展。

(二)深度融合的制度基础:公益诉讼的业务特性决定了大数据的运用

“检察公益诉讼制度属于顶层设计制度,自党的十八届四中全会提出探索检察公益诉讼以来,对检察机关作为公共利益的代表,履行公益保护职责,避免‘公地悲剧’的重要作用,从党中央到老百姓,都给予了充分期待。同时,检察机关是创新社会治理的重要主体”。[③] 公益诉讼涉及社会治理方方面面,具有期待高、责任重、范围广、专业性强的特点。而目前公益诉讼办案人员有限,专业能力还有待提升等客观情况,是检察机关开展公益诉讼面临的实际困难,亟待解决。通过大数据运用,借助人工智能实现线索自动推送和分析研判,实现从“人工”到“人工 + 智能”的公益诉讼工作智能化再造,是解决问题的有效路径。

(三)深度融合的现实需要:公益诉讼工作面临的困境急需大数据助力

线索是公益诉讼案件的源头活水,缺乏高质量的线索,公益诉讼工作将无从谈起。由于公益诉讼公益性和事前预防的特点导致其有别于传统诉讼,检察机关使用传统办案模式进行公益诉讼也就面临很大的问题。首先遇到的问题就是公益诉讼线索发现难。检察机关获取公益诉讼案件线索渠道较少,内部移送线索在公益诉讼领域发挥的作用并不明显。而通过社会公众举报获取公益诉讼案件线索也不易,原因如下:一方面,由于公益诉讼不涉及个人利益和社会公众对公益诉讼工作了解甚少等原因,使群众举报提供的线索较少;另一方面,群众举报提供的线索往往不够具体明确,直接导致相关线索成案率

---

① 转引自上海市金山区人民检察院课题组:《大数据运用与检察工作创新》,载谢鹏程主编:《中国检察》(第 28 卷),中国检察出版社 2019 年版,第 134 页。

② 转引自高详阳、宋红伟:《大数据运用促进检察工作转型研究》,载中检网院服务平台。

③ 尹晔斌:《检察机关创新社会治理体系的路径探析》,载《湖北师范学院学报(哲学社会科学版)》2015 年第 3 期。

较低。对于已建立的“两法衔接”移送公益诉讼线索机制,由于行政执法机关主动共享行政执法信息及相关案件数据积极性不高、多个行政执法平台并存运行不畅等,导致行政执法信息平台存在使用率低、案件不录、少录、迟录等问题,“案件线索主要是通过主动出击、受害人、知情人举报等手段获得,检察监督缺乏刚性,监督信息渠道不畅,阻碍立案监督线索发现”①。线索发现难的旧题和案件范围拓宽、监督领域更广的新题要一起破,其不二法门就是借助检察信息化建设东风,借助大数据运用,实现线索自动推送和分析研判,运用人工智能、无人机等技术开展调查取证,辅助一线办案干警高质效办理公益诉讼案件。

二、运用大数据筛查公益诉讼线索的难点分析

新时代要求检察工作与现代科技深度融合,公益诉讼线索发现离不开大数据支撑。大数据运用就是让公益诉讼工作腾飞的翅膀,是让公益诉讼工作实现跨越式发展的关键点。在运用大数据助力公益诉讼工作时,会遇到以下三个难点问题:

(一)对数据的重要性认识不一:重数据采集还是重平台研发

大数据助力公益诉讼工作主要是通过平台研判数据,实现线索自动推送,解决公益诉讼线索发现难问题。但在具体操作过程中,应当注重平台研发还是采集数据,在当前司法实践中仍存在争议。由于信息化的时代趋势,目前全国各地都在探索公益诉讼平台研发,都把关注点放在平台的线索研判和自动筛选,忽视了采集数据的重要性,导致实际上筛选出来的线索成案率并不高。各地研发的平台还存在能否异地兼容使用的问题,一旦不能兼容,就容易造成投入重复性和研发局限性。为此,在借力大数据开展公益诉讼工作中,第一步就需要厘清理念问题,即重在解决数据采集还是重在平台研发,此外,在平台研发时需考虑经验可复制性,避免重复劳动。

(二)对数据的采集方向选择不同:重采集舆情数据还是执法监管数据

数据是发现公益诉讼监督线索的前提,采集数据的方向直接决定了监督工作的发展方向,包括监督的深度和广度。目前,大部分检察机关都认为数据就是指民意舆情数据,为此,在确定数据采集范围时,主要捕捉的是微信、微博、论坛以及其他网络平台数据,而没有过多考虑行政机关本身的执法监管数据。采集行政机关数据的,受制于行政机关本身信息化水平以及行政机关的各种不配合和推脱,使检察机关依然存在畏难情绪,认为向行政机关采集数据较难,在具体操作时缺乏方式方法。同时检察机关还担心采集数据缺乏重点、关键信息,或数据信息采集滞后。在实践中,还会碰到数据更新滞后,数据格式不兼容无法直接使用等问题。行政执法监管数据采集难,是公益诉讼检察迫切需要解决的问题。

---

① 张薰尹、许士友:《大数据司法办案下的公益诉讼》,载《中国检察官》2018 年第 19 期。

(三)数据的分析方式存在分歧:利用爬虫技术搜索比对还是利用 AI 人工智能

数据使用方式决定了使用的效率和效果。目前实践中普遍存在的问题是数据利用效率不高。各类信息数据存在孤岛现象,如很多数据只是简单累加、对比及单一计算,对数据之间的内在联系挖掘不足。这给数据使用提出考验,是采用传统的爬虫技术搜索比对还是利用 AI 人工智能的方式进行数据分析研判。

三、运用大数据筛查公益诉讼线索的具体路径

(一)提升数据重要性认识:建立"数据优先"理念,引入大数据筛查提升线索发现能力

1. 明确数据采集在平台研发中的基础性作用

数据是公益诉讼信息化工作的源头活水,是研发平台的前提和基础,也是解决线索发现难等工作"瓶颈"的关键。因此,相对于平台研发,数据采集是基础性工作,也是关键性工作。平台研发更多的是资金投入、模型构想,而数据采集的开展情况,则最大限度决定了公益诉讼大数据运用的深度和广度。因此,重点应在攻破数据采集关,而非一开始就着手平台研发。

2. 以"库用分离"为导向,提升经验的可复制性

大数据运用在最初期的构建中,就应该着重考虑研发效益,以最小的投入输出最大的产出。公益诉讼智能研判平台与大数据中心采用"库用分离"的原则,把采集回来的数据与平台进行分离设计,使数据中心与研判平台两者独立研发、融合使用。实现平台研发后,其他使用者只要有自己的数据库,就可以与该公益诉讼智能研判平台对接,平台数据模型就能正常运转推送线索,无须再耗时耗力研发平台。"库用分离"是实现平台可复制推广的技术支撑。

3. 库用之间利用机器人实现数据智能化清洗

采集到的数据经过统一数据格式、贴上属性标签等格式化清洗、结构化处理后,统一导入大数据中心,成为大数据中心基础数据。平台从大数据中心数据库中自动抓取数据。如图 1 所示:

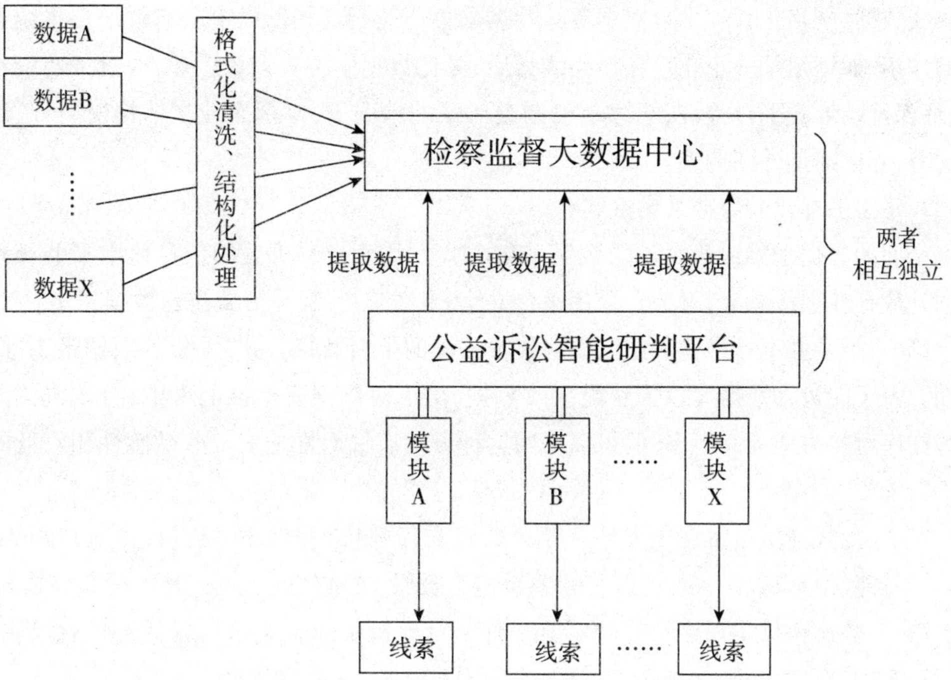

图1　“库用分离”模式下数据应用方式

由于行政机关的信息化程度各有不同，采集到的数据制式不统一，既有视频资料、Word文档，又有PDF、Excel，很难在系统平台里调度起来进行数据碰撞。如果简单采用人工进行数据的格式化清洗、结构化处理，又会面临人力资源的耗费，与智能化辅助办案的目标相悖。因此，在数据清洗环节，需研发专门的机器人，自动化地捕捉关键信息，由机器人完成数据格式的统一和属性标签的制作，顺利将数据统一导入大数据中心进行使用。

（二）明确数据采集方向：构建以执法监督数据为核心，社情民意数据为支撑的数据中心

1. 以行政执法监管数据为重点开展数据采集

由于舆情民意具有分散性特点，虽然受到百姓关注，但多数只是感观认识甚至是主观推断，线索质量不高，成案较难。在实践中，舆情数据量大，核实工作繁重，最终成案率不高。在利用诉前建议推动依法行政过程中，舆情数据本身就属于外围数据，并非行政机关依法行政核心数据，大量违法行政行为并不在舆情数据中集中体现。相反，行政执法监管数据才是推动依法行政的核心和关键，具有普遍性的违法行政行为和不作为将集中呈现在具体执法办案中。因此数据采集的核心和关键是执法监管数据，能否采集到执法监管数据，以及相应采集的全面性、准确性，将直接决定公益诉讼监督深度。以锡山区人民检察院为例，制定了《公益诉讼数据采集清单》，确定了采集范围，现已采集包含41家单位各类行政执法、司法业务数据和监管数据，以及舆情社情民意数据、12345公共服

务热线数据、网格化管理平台数据等。数据采集还能起到辅助民事公益诉讼自主调查取证的作用，如锁定某一企业存在污染线索后，可在数据中心查询该企业，通过工商资料平台、环保行政处罚平台等，在不惊动被调查对象的情况下，掌握企业主体情况、行政处罚情况等，完成前期外围调查。

2. 建立多样化的数据采集方式

全面的数据采集依赖完备的数据采集方式。基于行政机关的信息化水平差异以及数据开放存在层级差异，可综合采用平台共享、专线连接、拷贝方式进行数据采集。

第一，平台共享是最优方式。以对接数据库的平台共享方式，采集的数据最为准确、全面。由于能进入数据库意味着能更改数据，出于对数据安全性的考虑，行政机关能接受数据库对接方式的并不多，但可以采用这种方式有针对性地对一些敏感性相对低的数据进行采集。

第二，专线连接是常态化方式。该方式只需行政机关向检察机关提供账户密码，检察人员就能像行政执法人员一样登录系统进行查看，能够实时、动态、精准地获取数据。

第三，数据拷贝实现拾遗补阙。鉴于部分行政机关信息化水平较低，采用数据拷贝进行补充，能有效保障对数据采集范围的全覆盖。

3. “刚柔并济”巩固数据采集保障

在推进数据采集工作中，要从理念转变及制度构建两方面进行保障，做到“刚柔并济”。“柔”体现在理念转变，落实好张军检察长提出的“双赢、多赢、共赢”监督理念。要正确认识“监督与被监督”的关系，把平衡点放在问题解决上。行政公益诉讼任务是提醒相关单位认真审视工作中突出问题，及时弥补工作缺陷和机制漏洞，帮助行政机关改进工作，促进政府依法行政，而不是对行政执法机关“挑刺找茬”。要注重与行政机关共同推动问题解决，努力让行政机关感受到公益诉讼工作目的是通过检察监督“事”促进依法行政，能有效降低“人”的违法违纪风险，使数据采集工作得到党委政府和各行政执法机关的支持。“刚”体现在制度建设，以刚性制度完善数据采集的保障。实践中，可推动党委、政府联合发文，明确将行政执法信息采集作为年度行政执法机关绩效考核指标之一，并对不配合数据采集的机关定期通报，以刚性制度保障数据采集的实时性、真实性、全面性。

（三）优化数据分析方式：运用“AI 人工智能”研发公益诉讼智能研判平台

1. “AI 人工智能”在分析研判行政执法监管数据的优势

利用爬虫技术搜索比对，对于舆情数据分析较为适用，但是智能化不足，推送出来的线索仍比较粗放，精准度不高，仍需投入大量人力、物力来核实线索真实性。而运用 AI 人工智能对行政机关执法监管数据进行分析，能及时发现行政执法普遍性问题，且对线索进行“建议监督、疑似线索、不构成线索”三类分级推送，智能筛查出有价值的线索自动推送给检察官，使线索发现从“人工摸排”变为“智能筛选”、从“粗犷排摸”变为“精准筛选”,有效解决公益诉讼案件面广、专业性强与办案人员少、专业知识储备有限的矛盾。

2. 利用“AI 人工智能”研发公益诉讼智能研判平台的构想

平台以法律法规、行政机关职权清单、典型案例为基础构建数据字典,以线索推送、线索评估、处理结果、数据字典为基本框架,以地图可视化方式呈现,采用模型匹配、智能读取、自主学习、深度学习等人工智能研判方式,根据不同案件类型建立不同模型,自动推送公益诉讼线索。以锡山区人民检察院为例,目前,已建成环保危废类、263 监督监管类、国土出让类、国土卫片执法类、环评类、网络舆情类等十个数据模型。其中环保危废类已推送线索 16 件,263 监管推送 91 件,国土出让推送 21 件,国土卫片执法推送 45 件,四个模型线索推送准确率均达到 100% 。[①] 目前,通过数据采集、平台模型自动推送线索,共立案办理公益诉讼案件 300 余件,刑事立案监督案件 1 件(全区首例非法占用耕地案),其中 47% 为文物保护、公民个人信息保护、安全生产等新领域案件,涉及 28 个行政机关。2018 年、2019 年该院利用数据采集、平台自动推送发现的案件线索占公益诉讼线索总量分别为 76. 8% 、83% ,成案总数占总办案数 53. 4% 、92% ,2020 年,已上升至 94. 1% 、100% 。[②] 涉及环保、住建、人防、卫健委、文体、民政、市场监督、工信、农业农村局等多个行政机关。

例如“环保固废”模型(见图 2):平台自动抓取大数据中心的环保固废类数据信息,模型通过神经网络方式将违法事实、处罚决定、法律法规、职权清单进行交叉比对,从而推送处罚不当、不正确的案件信息,并根据比对符合程度得出阈值,进行“建议监督、疑似线索、不构成线索”的三级分层推送。

3. “AI 人工智能”模式下公益诉讼智能研判平台发展方向

平台建设是提高办案质效的必然要求。平台按照办案流程,完善线索来源、线索初核、分级评估、立案磋商、调查取证、检察建议、整改回复、跟踪监督等环节,并在此基础上确立平台研发的步骤和进度。平台研发的前期目标是将大数据中心的数据调动起来,实现线索的自动推送和分析研判,走好办案环节的第一步,让线索来源实现规模化筛选、智能化推送。模型对推送出的结果进行二次学习,经过不断的学习提高对数据的识别度,实现精准推送公益诉讼线索。同时可积极尝试运用无人机巡航取证图像智能分析技术,将巡航数据与行政执法数据进行碰撞比对来发现线索和实现调查取证。从平台的长远发展而言,在 AI 人工智能不断深度学习中,最终实现一键生成调查预案和检察建议,真正实现辅助决策办案的效果。

---

① 锡山区人民检察院:《以信息化建设助力检察公益诉讼高质量发展》,苏中片区公益诉讼工作调研会议发言材料,2021 年 11 月 25 日。

② 锡山区人民检察院:《以信息化建设助力检察公益诉讼高质量发展》,苏中片区公益诉讼工作调研会议发言材料,2021 年 11 月 25 日。

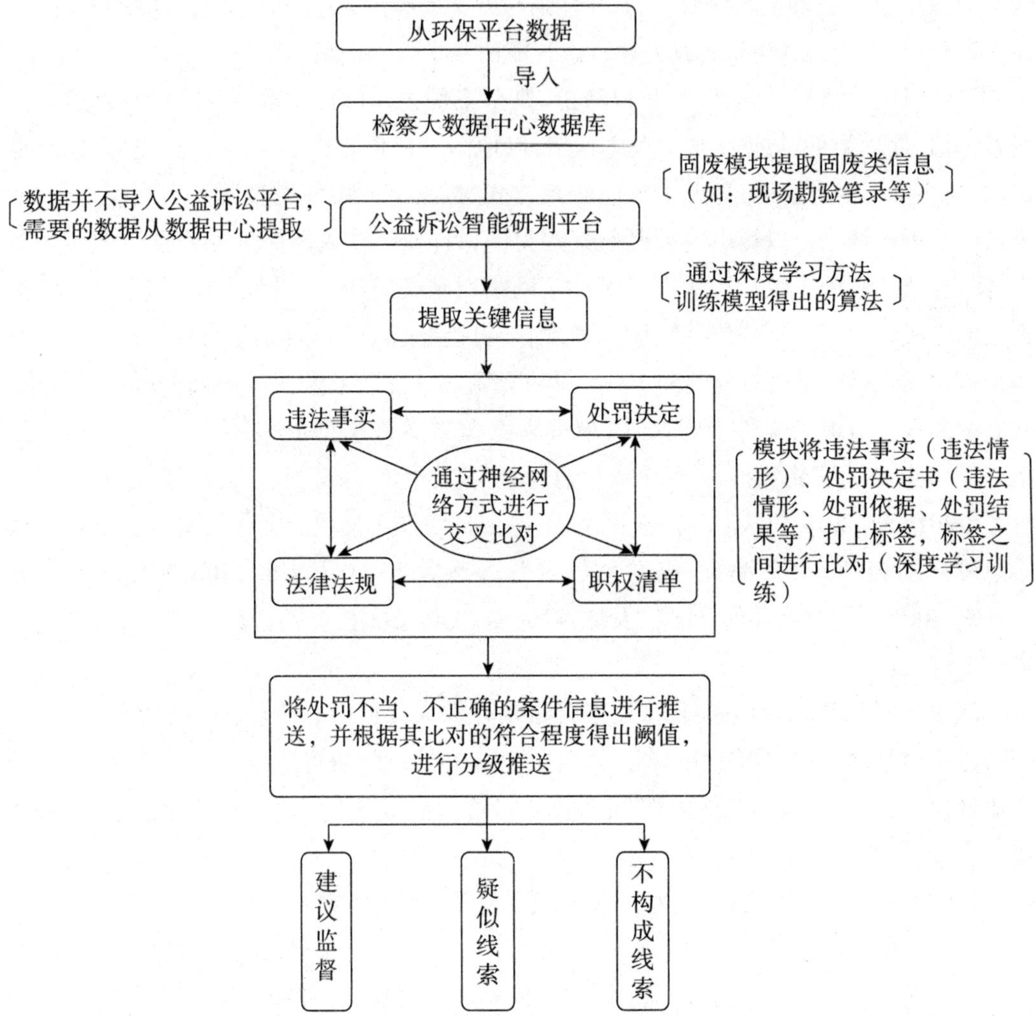
从环保平台数据
导入
检察大数据中心数据库
固废模块提取固废类信息（如：现场勘验笔录等）
数据并不导入公益诉讼平台，需要的数据从数据中心提取
公益诉讼智能研判平台
通过深度学习方法训练模型得出的算法
提取关键信息
违法事实
处罚决定
通过神经网络方式进行交叉比对
法律法规
职权清单
模块将违法事实（违法情形）、处罚决定书（违法情形、处罚依据、处罚结果等）打上标签，标签之间进行比对（深度学习训练）
将处罚不当、不正确的案件信息进行推送，并根据其比对的符合程度得出阙值，进行分级推送
建议监督
疑似线索
不构成线索

图 2 “环保固废”模型

未成年人检察公益诉讼制度的构建

——以诉前程序为核心

江苏省射阳县人民检察院课题组*

摘要：开展未成年人检察公益诉讼，是对未成年人进行全面综合司法保护的客观需要。当前，未成年人检察公益诉讼面临着成人司法制度的制约、司法实践适用边界模糊等困境。要想实现未成年人检察公益诉讼的长足发展，检察机关需要从理念、宏观架构、诉前程序优化等方面构建一套相对可行的制度体系。短期内明确诉前程序作为未成年人公益诉讼制度的基础更符合司法治理规律，更能节约司法效益成本。

关键词：未成年人　检察公益诉讼　统筹行政责任　诉前程序

一、公益诉讼对未成年人保护的特殊价值

未成年人属于典型的依赖人群，社会转型风险对未成年人的影响尤为严重。但在当今社会，社会个体、家庭或者组织都无法独立应对上述风险，公益诉讼成为加强未成年人保护的必然选择。

（一）宣示未成年人权利得到落实

我国宪法与法律赋予了未成年人生存权、发展权、受保护权、参与权等权利。① 司法实践中，由于缺乏具体权利的落实机制，导致立法赋权的目的没有真正的实现。“一种无法诉诸法律保护的权利，实际上根本不是什么法律权利”②，只能称为观念。因此，未成年人权益保护必须要有切实可行的诉讼手段。部分学者认为应该修改立法，从根本上完善

---

* 课题负责人：许永进，射阳县人民检察院党组书记、检察长；张嘉军，郑州大学法学院副院长、教授。课题组成员：张薇，射阳县人民检察院副检察长；顾玲，射阳县人民检察院第五检察部副主任；王传龙，射阳县人民检察院检察官助理。本文为 2021 年度最高人民检察院检察应用理论研究课题“未成年人检察公益诉讼制度的构建”部分理论研究成果。

① 《未成年人保护法》第 3 条。

② 程燎原、王人博：《赢得神圣》，山东人民出版社 1993 年版，第 349 页。

未成年人公益诉讼制度。但本文认为，在短时间内修改立法可能性不大，应该在修改立法视角之外，寻求更多的解决办法。完善立法与法律实施二者应该并重，在短时间内可以更偏重法律实施，通过创新未成年人权益的诉讼程序保障机制，让宣示赋权具体化、实质化。未成年人检察公益诉讼可以通过检察建议或者诉讼的方式弥补行政管理的薄弱环节，推动行政机关改进措施，实现未成年人权益司法保护、行政保护的统一。

（二）统筹未成年人保护分散的行政责任

社会分工精细化最终会导致行政权力的膨胀，政府的公共服务已经渗透到私人性质领域的事务，普通公民从出生到死亡均与行政管理服务有关。[①] "特别是针对需要生活扶助和成长培养的未成年人，这种体现国家责任的行政权职能履行更显必要"[②]。《未成年人保护法》第 10 条规定了未成年人权益保护的多元主体，[③]但未成年人保护仍缺少主责部门，出现"九龙治水"之尴尬局面。在现有的制度框架下，构建履行保护未成年人国家责任的统筹机制是破解未成年人保护领域"公地悲剧"的关键。基于成本的考虑，以未成年人公益诉讼为切口进一步激发现有制度潜力为性价比较高的改革方案。

检察行政公益诉讼诉前程序是一种多主体参与且相互嵌套的公开沟通协作机制。[④]检察机关通过诉前检察建议与提起诉讼两个手段，在行政管制与司法治理两个维度建立了沟通，形成多元治理在公益保护层面的耦合，在一定程度上解决了行政机关怠于履职这一未成年人权益保护的核心难题。

（三）促进社会与法律变革

公益诉讼的终极目的在于实现社会综合治理，促进公共利益方面社会与法律的变革。检察公益诉讼引领社会法治意识，促进社会变革的作用非常显著。在未成年人权利保护上，就是要通过未成年人检察公益诉讼，唤起公民对未成年人保护制度改革的关注，[⑤]提升整个社会对未成年人保护的法治意识。同时，公益诉讼对行政机关产生了一定的压力，具有公共政策的重要意义。检察公益诉讼是国家治理体系现代化建设的一环，不仅包括法律制度的更新完善，还包括体制机制的重构。[⑥] 例如，苏北某县人民检察院通过公益诉讼解决智障未成年人评残、托养，解决儿童用品市场安全等问题，促进了县域的综合治理，案件本身就具有了公共政策的意义。通过公益诉讼可以重构社会资源分配的公共政策，"使法律能够真正充分代表共意（general will）而不只是强势群体掌握话语权

① 参见王名扬：《法国行政法》，中国政法大学出版社 1989 年版，第 13 页。

② 王广聪：《未成年人公益诉讼与少年司法国家责任的拓展》，中国检察出版社 2021 年版，第 111 页。

③ 《未成年人保护法》第 10 条规定：共产主义青年团、妇女联合会、工会、残疾人联合会、关心下一代工作委员会、青年联合会、学生联合会、少年先锋队以及其他人民团体、有关社会组织，应当协助各级人民政府及其有关部门、人民检察院、人民法院做好未成年人保护工作，维护未成年人合法权益。

④ 参见刘艺：《论国家治理体系下的检察公益诉讼》，载《中国法学》2020 年第 2 期。

⑤ 参见杨建顺：《〈行政诉讼法〉的修改与行政公益诉讼》，载《法律适用》2012 年第 11 期。

⑥ 参见刘艺：《论国家治理体系下的检察公益诉讼》，载《中国法学》2020 年第 2 期。

的结果”[1]。检察机关通过未成年人检察公益诉讼,能够深入参与到未成年人保护过程,实现未成年人保护的整体提升。

二、未成年人检察公益诉讼的现实问题

未成年人检察公益诉讼主要以民事、行政两大诉讼法授权展开。虽然未检业务集中统一办理,但是在公益诉讼方面,未能有效突出未成年人群体保护的特殊性。

(一)囿于成人司法制度保护效果不佳

在检察公益诉讼初期严格限定案件受理范围是有必要的,一方面有助于检察权的规范行使,另一方面有利于集中解决社会公益问题。但是,部分未检部门对相关法条存在机械理解适用问题。未成年人公益诉讼案件多局限于生态环境、食品药品安全两个领域,前期试点探索也多是围绕传统公益诉讼范围开展。部分未成年人公益保护事项进入不了检察公益诉讼的案件范围,“与未成年人生命健康权、发展权保护需要的公益诉讼目标不相匹配”[2]。检察公益诉讼有限授权范围基于成人司法所限定,没有考虑未成年人作为特殊主体的需要。例如,国有财产保护、国有土地使用权出让、企业转制资产低估贱卖等公益诉讼领域与未成年人的匹配性不够。

2020 年,全国检察机关立案办理公益诉讼案件 151,260 件,发出诉前检察建议 11.8 万件,同比上升 14.1%。[3] 2018 年 1 月,未检业务开始在部分省份集中办理,到 2019 年全国检察机关针对侵害众多未成年人合法权益问题,制发诉前检察建议 577 件,围绕严重损害未成年人权益的“等”外领域发出诉前检察建议 172 件。[4] 从以上数据可看出,未成年人检察公益诉讼所占比非常小,保护效果有待加强。

(二)未成年人公益诉讼案件范围模糊不清

在司法实践中,未成年人检察公益诉讼主要局限于生态环境和资源保护、食品药品安全两个领域,就未成年人权益法律保护设定范围与司法保护现实需要相比,远远不够。随着未成年人检察公益诉讼发展,更多的涉未案件向“等”外延伸,甚至成为该类公益诉讼的主流形态。2018 年至 2020 年“等”外领域发出的诉前检察建议占比高达 29.8%。[5] 这在客观上反映出未成年人公益诉讼范围的广泛性与现行法律列举类别有限性之间的冲突。参考同期检察机关办理的公益诉讼案件,“等”外探索只能作为个别的例外存在,这一差异值得深思。

在未成年人检察公益诉讼中,检察机关对“等”外领域探索也处于起步期,检察机关

---

① 徐卉:《通向社会正义之路:公益诉讼理论研究》,法律出版社 2009 年版,第 288 页。

② 王广聪:《未成年人公益诉讼与少年司法国家责任的拓展》,中国检察出版社 2021 年版,第 122 页。

③ 相关数据来源于 2021 年 3 月 8 日《最高人民检察院工作报告》。

④ 相关数据参见最高人民检察院 2020 年 6 月《未成年人检察工作白皮书(2014-2019)》。

⑤ 相关数据参见最高人民检察院 2020 年 6 月《未成年人检察工作白皮书(2014-2019)》。

往往会陷入“于法无据”的困境，同时过度的“等”外探索也造成了未成年人公益保护目标的模糊与泛化，不利于未成年人检察公益诉讼的长远发展。

(三)案件办理机制不健全

首先，未成年人检察公益诉讼专业化不足。根据《未成年人检察工作白皮书(2014－2019)》统计的数据，到 2019 年年底，四级检察院共有 1566 个院成立未成年人检察机构和未检办案组，占检察院总数的 45.36%。其中 390 个基层院设立独立未成年人检察机构，占全国基层院总数的 12.26%。根据最高人民检察院《未成年人检察工作白皮书(2020)》的相关表述，[①]设立独立的未成年人检察机构的工作目标尚未实现。部分基层检察院设立的未成年人检察官依附于其他业务部门，无法独立且专业地办理未检公益诉讼案件。

其次，线索发现机制单一。“未成年检察工作是以未成年人为工作对象，同时具有刑事、民事、行政及公益诉讼‘四大检察’职责，不受传统部门分类限制、案件线索来源广泛是未成年人检察公益诉讼业务的特点。”[②]但是，在司法实践中未成年人检察公益诉讼线索呈现双线集中的趋势。主要有“案中案”线索和以未成年人学校为起点进行线索延伸。例如，检察机关针对学校无证办学、学校周边售卖烟草、学校周边存在安全隐患等问题，启动检察公益诉讼程序。课题组所在的苏北某市就是采用以学校为起点的线索发现方式。如 2020 年 1 月至 2021 年 8 月，该市共计办理未成年人检察公益诉讼案件 26 件，其中以学校为起点的有 21 件，在办案过程中发现未检公益诉讼线索 3 件，二者占比高达 92%。[③]

最后，监督手段刚性不足。一方面，检察机关调查取证手段刚性不足。检察机关调查取证并不具有强制力，部分单位和人员基于利益考虑对调查取证比较排斥。同时，前置程序缺乏危险干预手段。未成年人公益损害案件情势紧迫，检察机关在调查空档期如果不能排除危险，危害后果有扩大可能。另一方面，检察建议刚性有待加强。检察人员基于专业问题，对食品药品、环境等问题所提出的对策建议可能存在精度不高，欠缺可操作性，容易引起被建议单位的敷衍等问题。同时，被建议单位也存在以书面回复代替执行的倾向，从而规避被起诉。

三、以诉前程序为核心构建未成年人检察公益诉讼制度

在风险社会，国家主义思想更加盛行，行政机关介入社会经济生活更加深入。具体到未成年人保护领域，行政机关起到的作用是无法预估的。在司法实践中，未成年人民

---

① 《未成年人检察工作白皮书(2020)》中提到：进一步加强专门机构和办案组织建设。督促各地落实最高人民检察院部署要求，推动省会城市、较大城市的检察院设立独立未成年人检察机构。

② 匡旭东：《未成年人检察公益诉讼制度探析》，载《行政与法》2021 年第 1 期。

③ 相关数据来源于检察机关统一业务应用系统，截止日期为 2021 年 8 月 9 日。

事检察公益诉讼非常少。基于客观实际情况，课题组重点研究了未成年人行政公益诉讼。检察机关通过“诉前程序督促行政机关充分履行职权，弥补行政机关执法不足，可以充分发挥行政机关的自主性和专业性，也能将问题快速、完美地解决”①。因此，构建以诉前程序为核心的未成年人检察公益诉讼制度更符合未成年人保护实践。

（一）构建案件线索类型化受理机制

案件线索的发现是公益诉讼案件的起点。在未成年人检察公益诉讼中，线索来源问题一直是困扰检察机关的一大难题。在多数情况下，检察机关只是简单依赖自身办案职能的延伸，被动地发现未成年人检察公益诉讼线索。2020 年，最高人民检察院要求各级检察机关积极、稳妥地开展未成年人公益诉讼工作。从检察机关发布的指导案例、典型案例看，未成年人检察公益诉讼案件范围拓展情况并不理想。其中一个重要原因在于，未成年人检察公益诉讼线索是比较匮乏的，也就造成了未成年人公益诉讼前置程序运转不畅。检察机关能否及时发现有价值的案件线索，事关未成年人公共利益能否及时得到保护。因此，检察机关必须要构建规范且高效的线索发现机制。

在司法实践中，公益诉讼没有形成统一、制度化的线索收集办法。到目前为止，最高人民检察院共计发布公益诉讼典型案例 231 件。② 有学者对 2015 年 7 月至 2017 年 6 月各地办理的行政公益诉讼案件进行统计分析，发现公益诉讼案件线索主要来源于内部办案、专项检查、群众信访、新闻媒体报道。③ 课题组认为只有形成制度化的线索收集办法，未成年人检察公益诉讼才会长足发展。课题组通过梳理各地发布的典型案例及所在市近两年数据，发现线索发现渠道可以提炼成三种类型。

第一类：“案中案”线索发现渠道。检察机关不能就案办案，要强化主动办案意识，将司法办案同社会和谐、经济社会发展相结合。未成年人检察部门要加强与各业务部门的联系，在检察系统内部建立畅通的线索移送机制。具体到未成年人检察公益诉讼，案件承办人要通过个案的办理，敏锐发现未成年人公共利益受损的普遍性问题。例如，河南省商城县贫困山区儿童受教育权保护案，商城县检察机关在梳理刑事案件涉案未成年人权益保护时发现，部分未成年人在疫情期间受教育权无法得到充分保护，后其及时与教育部门沟通，并开展排查工作。

第二类：信息举报线索发现渠道。2020 年修订的《未成年人保护法》第 11 条规定，“任何组织或者个人发现不利于未成年人身心健康或者侵犯未成年人合法权益的情形，都有权劝阻、制止或者向公安、民政、教育等有关部门提出检举、控告”。检察机关应整合现有的控申及公益诉讼信息平台，借助已有平台接收有关未成年人的问题线索。例如，

---

① 米志强：《未成年人检察公益诉讼制度的探索与完善路径——以〈未成年人保护法〉修订为契机》，载《闽江学院学报》2021 年第 3 期。

② 相关数据来源于检答网典型案例库，截止日期为 2021 年 8 月 18 日。

③ 参见马怀德：《新时代行政公益诉讼制度的发展与实践》，载《人民论坛 · 学术前沿》2019 年第 5 期。

苏北某县人民检察院依托微信公众号,开发“公益诉讼”随手拍小程序,接受群众对环保、国有财产、未成年人保护等 7 个领域的举报。针对未成年人设置的控告专区或者小程序应该考虑未成年人群体特点,简化举报流程,开发秘密专区等特色功能。另外,检察机关进校园进行法治宣讲时,要主动介绍未成年人检察公益诉讼职能,注意收集线索。例如,北京市海淀区人民检察院在法治宣讲活动中,发现学校周边存在向未成年人出售烟草制品等违法行为,随后检察机关及时督促相关行政部门依法履职,该案因效果良好入选最高人民检察院指导案例。[①] 但是,检察机关在日常工作中不能主动超越履职范围获取线索。

第三类:检察机关可通过梳理相关法律禁止性规定、开展专项行动、建设合作平台等形成稳定的规模化线索受理渠道。一是公益诉讼线索直接来源于其他法律规定。课题组所在的苏北某市近两年共计办理未成年人公益诉讼案件 26 件,其中有 18 件案件的线索源于其他法律法规的禁止性规定,占比高达 69%。二是开展专项行动。例如,苏北某县检察机关办理的孙某生产、销售不符合安全标准的食品案,该案涉及两名食物中毒的未成年人。该县检察机关牵头市场监管、公安等部门出台了相关工作机制,并开展“保障千家万户舌尖上的安全”公益诉讼专项监督活动,在校园周边排查出大量案件线索,督促行政执法部门检查校园周边食品商家 203 户次。三是畅通内外,构建“双赢、多赢、共赢”的多元线索衔接渠道。未成年人检察部门应该重视社会各界支持,共同构建有关未成年人保护的特殊平台,从而实现公益诉讼线索的快速发现与流转。例如,上海市青浦区人民检察院设立公益诉讼观察员以积极争取社会公众参与。最高人民检察院分别于 2018 年、2020 年与共青团中央、全国妇联会签文件,建立工作协助配合平台,各地检察机关也可以以此为蓝本做出类似探索。

(二)完善诉前调查取证

“检察机关对监督事项进行必要的调查核实,是开展法律监督的前提条件”[②]。只有进行扎实的客观调查,诉前检察建议分析问题才具有针对性。未成年人检察公益诉讼的调查核实机制是提高检察建议的质量及落实监督手段的重要保障。[③] 第一,做好亲历走访的准备工作。在走访之前要制订调查计划、设计调查方案,明确相关调查人员及要收集的证据。同时,未成年人检察部门要与技术部门、法警进行沟通协作,确保技术支持及人员保障到位,实现取证的快捷、准确、安全。第二,调查方式要多样,内容重点要突出。调查方式必须符合未成年人身心特点,可以适当突破现有的调查取证模式,但是必须符合证据采纳规则和证据能力标准。第三,调查取证要兼顾程序正义及诉讼经济。检察机

① 北京海淀区人民检察院督促落实未成年人禁烟保护案,详见检例 88 号。

② 万春:《检察法制建设新的里程碑——参与〈人民检察院组织法〉修订研究工作的体会》,载《国家检察官学院学报》2019 年第 1 期。

③ 参见董坤:《新时代法律监督视野下检察机关调查核实权研究》,载《内蒙古社会科学》2020 年第 6 期。

关在未成年人公益诉讼调查工作中要遵守《人民检察院公益诉讼办案规则》,违反相关程序进行调查取证所获得的相关证据应予以排除。

调查重点要侧重于初步证明材料的调取,即发现已经存在的涉及不特定多数未成年人的公益损害或危险。具体包括:(1)未成年人公共利益是否受到持续性损害,损害程度具体如何,相关行业的法律法规、行业标准。(2)相关行政主体职责范围及履职情况。(3)行政机关怠于履职与未成年人公共利益损害具有一定的因果关系。初步证明并不是要严格遵循庭审证据标准,而是为制发检察建议,"提出一个相对规范的证明责任体系"①。

(三)发挥诉前检察建议的诉讼功能

诉前检察建议嵌入公益诉讼构造之中,成为提起公益诉讼的必经法律程序,呈现诉讼化的运行方式。因此,在未成年人检察公益诉讼中,必须重视诉前检察建议的诉讼功能。

一是诉前检察建议制发要准确、必要、可行,使之具备诉的利益。诉前检察建议的内容必须在被建议单位义务范围之内。同时,超期未回复、未落实的检察建议,检察机关要认真分析总结,不能简单归属于行政不作为或未整改落实到位。② 二是科学判断行政主体是否怠于履职且具有履职可行性。判断行政主体是否属于"不依法履职"必须坚持行为标准,因为最高人民检察院发布的检例32号③对行政机关"不依法履职"的行为标准进行了确认。三是诉前检察建议整改内容要有针对性、可行性。检察建议的针对性指明确行政机关怠于履职的职责。同时,基于公益诉讼制度价值及检察机关参与社会治理的目标,检察机关需要在检察建议中提出一些明确的制度性建议。例如,检例第88号:北京市海淀区人民检察院督促落实未成年人禁烟保护案,即是很好的证明。

检察建议书"要切实做到事实证据清楚、观点清晰明确、建议合理可行"④。检察建议内容详细程度没有确定的标准,也没有办法量化考核。实践中,各级检察院评比优秀检察建议时,内容越是明确越容易被评为优秀检察建议。这就给公益诉讼部门一个导向,检察建议要提出明确具体的整改性建议,甚至要达到行政机关按照检察建议就可以直接操作的程度,甚至相关行政处罚都已经列好。课题组认为这样的检察建议有违"分权制

① 王广聪:《未成年人公益诉讼与少年司法国家责任的拓展》,中国检察出版社2021年版,第180页。

② 参见张晋邦:《论检察建议的监督属性——以行政公益诉讼中行政机关执行检察建议为视角》,载《四川师范大学学报(社会科学版)》2018年第6期。

③ 检例第32号为贵州省锦屏县人民检察院诉锦屏县环保局行政公益诉讼案,其中指出,"检察机关在判断行政机关是否尽到生态环境和资源监管保护的法定职责时,行政相对人违法行为是否停止可以作为一个判断标准。行政机关虽有执法行为,但没有依照法定职责执法到位,导致行政相对人的违法行为仍在继续,造成生态环境和资源受到侵害的后果,经人民检察院督促依法履职后,行政机关在一定期限内仍然没有依法履职到位,国家和社会公共利益仍处在被侵害状态,人民检察院可以将行政机关作为被告提起行政公益诉讼。"

④ 韩耀元:《准确把握诉前程序基本特征 科学构筑诉前程序工作机制》,载《人民检察》2015年第14期。

衡”的现代法治原则。在公益诉讼诉前阶段,检察机关固然要重视检察建议内容的针对性,但也要尊重行政机关的处置权,不宜对具体行政处罚作出建议,未成年人公益诉讼也应如此。

四、结语

未成年人检察公益诉讼制度是未成年人保护的新路径。作为新兴的制度,未成年人检察公益诉讼制度在初始设计和实践中均存在不足。未成年人群体有其独特的人身属性,因此在保护方式与程序设计上必须有所体现。未成年人检察公益诉讼必须立足我国现实条件及检察机关自身工作能力,公益诉讼范围不能泛化亦不能过于狭窄。未成年人公益诉讼应该重点解决风险社会下未成年人面临的紧迫性生存与发展难题。检察机关在行使权力过程中,要充分发挥诉前程序优势,及时恢复法律秩序。同时,检察机关要通过内外联动发挥未成年人检察公益诉讼制度的“鲶鱼效应”,以保障未成年人保护工作积极、长效运行。

未成年人民事公益诉讼请求类型研究

李雨泽　赵　卿[*]

摘要：未成年人检察公益诉讼是未成年人司法保护从“有”到“好”的立足点和关键点，目前其诉讼程序构造缺乏理论研究支撑。诉讼请求是未成年人检察公益诉讼的起始点，也是未成年人公益保护实体和程序之维的连接点，其背后演绎着“民事责任—请求权基础—诉讼请求”的前进路径。传统公益诉讼的诉讼请求包含预防性请求、补偿性赔偿请求和惩罚性赔偿请求，基于未成年人权益受侵害的不可恢复性和公益性，有必要从理论层面构建起以预防性请求为主，惩罚性请求为辅的诉请类型构造。

关键词：未成年人检察公益诉讼　诉讼请求类型化　预防性请求　惩罚性赔偿

一、引言

2015 年 7 月 2 日，最高人民检察院发布了《检察机关提起公益诉讼改革试点方案》（以下简称《试点方案》）。随后，各地检察机关积极推进公益诉讼工作，大力开展“等外”领域公益诉讼探索。为保护未成年人的身心健康，保障未成年人的合法权益，2020 年 10 月 17 日，《未成年人保护法》》修订通过，并自 2021 年 6 月 1 日起施行。其第 106 条明确规定：“未成年人合法权益受到侵犯，相关组织和个人未代为提起诉讼的，人民检察院可以督促、支持其提起诉讼；涉及公共利益的，人民检察院有权提起公益诉讼。”[①]至此，未成年人检察公益诉讼首次在法律规范层面获得了实质性的授权依据，检察机关对未成年人的公益保护实现了法治领域的正当化。

在此之前，未成年人公益诉讼的法律规范演进相对缓慢且实践中各地的做法并不统

---

* 李雨泽，江苏师范大学法学院硕士研究生；赵卿，江苏省徐州市人民检察院第八检察部副主任，法学博士。本文系江苏省研究生科研创新计划项目“未成年人检察公益诉讼程序构造研究”（KYCX21_2485）阶段性成果。

① 不同于行政公益诉讼和民事公益诉讼，现行法条将检察机关的起诉完全后置化。但是实践中未成年人权益保护大多都是以财产给付和停止侵害作为诉讼的终极目的，这符合民事责任的一般承担方式，故本文的探讨将未检公益诉讼作为民事公益诉讼基础形态展开。

一,涉未公益诉讼具体诉讼请求的提出缺乏明确的法律渊源,诉讼层面的操作依赖于公益诉讼起诉人的尝试和探索。同时,理论界往往针对未成年人公益诉讼的性质特点、受案范围以及宏观制度构建进行研究,缺乏具体的诉讼请求类型、证据制度、判决既判力和执行一体化等理论层面探讨。鉴于此,本文力图从诉讼系属的起始点展开研究,从民法典现有规定的民事责任类型和请求权类型出发,依据未成年人权益保护的特性,对未成年人检察公益诉讼请求进行类型化分析。

二、民事公益诉讼诉讼请求的基本类型:预防性、赔偿性、惩罚性

诉讼请求反映了原告基于其享有的民事权利所要实现的具体法律效果,而实现的方式是要求被告承担相应的民事责任。民事诉讼请求和诉讼标的之间具有牵连性,依据诉讼标的"旧实体法说",请求权基础是诉讼标的识别和判断的基础,简言之,诉讼请求所依赖的请求权基础为案件审理提供了要件事实这一方向性指引。① 因此,对于公益诉讼案件诉讼请求的探究离不开对于具体的民事责任承担方式和与之相对应的请求权基础的分析。② 本部分将通过民事责任承担方式的明确化,确定其对应的请求权基础,映射具体的诉讼请求。即遵循着"民事责任—请求权—诉讼请求"的推理路径。

(一)民事公益诉讼案件的民事责任基本类型

根据给付标的的不同,民事责任被分为财产型给付和行为型给付。依据 2021 年 1 月 1 日生效的《民法典》第 179 条之规定,民事责任的承担方式包括 11 种。其中,赔偿损失、返还财产和支付违约金这三种属于财产型给付责任,而停止侵害、排除妨碍、消除危险、恢复原状、修理、重作、更换、继续履行、消除影响、恢复名誉和赔礼道歉属于行为型给付责任。

传统私益诉讼注重对原告权益的恢复和补偿,现代化公益诉讼则倾向对侵害不特定多数人利益的行为予以惩罚和预防。目前理论和实践都已经探索的比较完善的两种类型公益诉讼,即环境民事公益诉讼和消费民事公益诉讼,各有其侧重。环境民事公益诉讼的研究者认为环境公益诉讼的公益性、预防与补救功能以及惩罚性,决定了不能直接套用私益侵权诉讼的责任方式,而应当构建排除危害、恢复原状和损害赔偿的责任承担体系,明确环境侵害的标准,考虑恢复原状的可能性与成本问题甚或环境修复方案的制订和费用的确定。③ 现行法律规范采用了预防性(预防类)责任和补救性责任(恢复类、

① 参见任重:《论我国民事诉讼标的与诉讼请求的关系》,载《中国法学》2021 年第 2 期。

② 本文探讨诉讼请求与民事责任的关系是在公益诉讼的诉的类型为给付之诉的前提下展开的,不涉及其他的诉的类型。

③ 参见张辉:《论环境民事公益诉讼的责任承担方式》,载《法学论坛》2014 年第 6 期。

赔偿类和人格恢复类)并行的做法。[①] 其本质就是对原有私益侵权诉讼责任承担方式的精细化和深层次剥离,以达到更好的执行效果。对于消费民事公益诉讼,最高人民法院的观点为消费公益诉讼制度的主要功能在于快速及时制止经营者不法行为,但是有学者认为其制度功能应定位为"威慑—补偿"的二元结构,在"威慑不足"情形下采用损害赔偿和行政罚款加以规制。简言之,对消费公益诉讼而言其民事责任类型包括司法解释认可的行为给付责任,以及实务和理论存在争议的惩罚性损害赔偿责任和不法收益收缴之责任。

(二)民事公益诉讼案件请求权基础的基本类型

魏振瀛教授认为,民法中的请求权应当分为原生性请求权和救济性请求权,原生性请求权指债权请求权,而救济性请求权系当事人一方需要承担责任的情况下产生的,行使救济性请求权要求对立一方当事人承担一定的民事责任。[②] 也就是说,将救济性请求权与民事责任直接相对应的情况下,当事人可以提出的请求权种类包括上文所属 11 种。法谚有言,"无救济则无权利",那么此种救济性请求权必然对应着几种不同的请求权。依照权利救济目的或性质的不同,可以分为预防性请求权、恢复请求权、补救请求权。其一,预防性请求权,是指权利人要求相应的义务人为或不为一定行为,以防止其权利受到侵害的救济性权利。例如,环境民事公益诉讼就是通过具有阻却性预防功能的预防性请求权(停止侵害、排除妨碍、消除危险等),预防未来可能发生的生态环境损害。其二,恢复请求权,是指当事人的原生性权利受损后,对于可以恢复权利圆满状态的损害,当事人享有要求义务人将其受损状态恢复到圆满状态的请求权。例如,生态环境损害赔偿诉讼中,针对可以恢复原先圆满状态的受损生态环境,起诉人可以提出"恢复原状"的恢复性请求,以确保生态环境修复的及时性和有效性。其三,补救请求权,是指侵害事实已经发生,并且给权利人造成了不可恢复的损害,当事人主张损害赔偿请求权,要求义务人根据损失情况进行赔偿。例如,针对无法修复的生态环境,起诉人享有要求对方直接赔偿的权利。消费民事公益诉讼中,司法实务中也有原告请求被告承担惩罚性赔偿的判例。[③]

(三)民事公益诉讼案件诉讼请求的基本类型

我国《民事诉讼法》第 55 条,仅仅只是对公益诉讼的原则性规定,并没有涉及其具体诉讼请求的规定。最高人民法院《关于适用〈中华人民共和国民事诉讼法〉的解释》(以下简称《民诉法解释》)中,涉及了具体诉讼请求是人民法院受理公益诉讼案件的条件,但

---

① 参见巩固、陈瑶:《以禁令制度弥补环境公益诉讼民事责任之不足——美国经验的启示与借鉴》,载《河南财经政法大学学报》2017 年第 4 期。

② 参见魏振瀛:《论请求权的性质与体系——未来我国民法典中的请求权》,载《中外法学》2003 年第 4 期。

③ 2017 年 3 月 8 日,广东省消费者委员会采纳深圳市人民检察院的建议,就惠州市惠阳区某屠宰场 20 名被告违法生产销售病死猪、喷洒有毒有害液体进行猪肉保鲜等严重侵害消费者权益、损害社会公共利益的行为,向深圳市中级人民法院提起消费公益诉讼,请求法院判令被告承担赔偿金 1006.2 万元,在省级以上新闻媒体公开赔礼道歉,并承担律师费及诉讼费用。这是有关主体首次提起的损害赔偿型消费公益诉讼,为全国先河。

是没有对具体诉讼请求进行细化。

第一,关于消费民事公益诉讼,最高人民法院《关于审理消费民事公益诉讼案件适用法律若干问题的解释》第 17 条中的“停止侵害、排除妨碍、消除危险”应当属于预防性请求权,其针对已经发生的损害或者有发生损害可能性两种情况。“发生的费用”由于其功能也是为了“预防与合理处置”,则也可以纳入预防性请求权的范畴。有学者提出可基于使威慑功能成为消费民事公益诉讼的主要功能,以确保消费公益诉讼的制止和预防功能之实现。

第二,关于环境民事公益诉讼,最高人民法院《关于审理环境民事公益诉讼案件适用法律若干问题的解释》第 19 条第 1 款之“原告为防止生态环境损害的发生和扩大”对应着预防性诉讼请求的第一种情况,即“是侵权行为还没有发生之前,但有发生的很大可能性,就要求可能实施侵害的他人不准侵害”。[①] 其第 19 条第 2 款则属于预防性诉讼请求的第二种情况,即一般的侵权,此时损害已经发生。第 20 条涵括了“履行修复义务”以及“承担修复费用”的诉讼请求类型,属于“损害赔偿”性质的诉讼请求。

第三,关于生态环境损害赔偿诉讼,最高人民法院《关于审理生态环境损害赔偿案件的若干规定(试行)》第 11 条至第 14 条涉及具体的诉讼请求提出方式,包括“修复生态环境、停止侵害、消除影响、赔礼道歉”的行为给付请求,“不履行修复义务时的修复费用的承担”,以及赔偿损失的诉请等。既包括预防性请求,也包括赔偿性请求。

综上,基于上文关于实践层级和学理层级的情况汇总分析,我国民事公益诉讼的具体诉讼请求应当包括预防性诉讼请求、赔偿性诉讼请求和惩罚性诉讼请求。

三、未成年人检察公益诉讼的特殊性:公益性和不可恢复性

(一)未成年人权益的天然公益性和社会性

公益与私益概念之分野下,中外学者对公益概念的内涵和外延展开了激烈讨论。有学者认为具体的公益包括:第一,不特定多数人之利益;第二,某些性质的私益就等于公益;第三,根据民主原则,将“少数私益”形成为公益。[②] 还有学者认为,公益应该有两个层次的含义:第一层为社会公共利益,即为社会全部或者部分成员所享有的利益;第二层含义是指国家利益。[③] 也有学者认为公共利益不独立于国家利益,社会的利益亦包括在内。[④] 简言之,所谓公益就是涵括着国家和社会的不特定多数人利益。

首先,无论是我国抑或域外国家,“国家亲权主义”赋予了国家可以“代理父母”角色,

---

① 颜卉:《执行难视阈下不作为请求之诉的强制执行问题研究》,载《青海社会科学》2019 年第 1 期。

② 参见颜运秋:《公益诉讼理念与实践研究》,法律出版社 2019 年版,第 17 页。

③ 参见颜运秋:《公益诉讼理念与实践研究》,法律出版社 2019 年版,第 19 页。

④ 参见史尚宽:《民法总论》,台北,正大印书馆 1980 年版,第 31 页。

依照儿童最佳利益行事的权利。[①] 即国家所承担的负有监护未成年人保障其利益最终不受侵犯的职责。因此,国家作为社会的治理主体在未成年保护中担当着十分重要的责任和义务,而国家保护的主体资格则使未成年保护具有天然的公益属性和社会属性。

其次,在民主国家里,儿童是未来的公民,是国家最有价值的资源。[②] 既然未成年人作为未来的"国家资源"的一部分,其所属的共同利益则具有无法分割的特点,无法特例化的广阔未成年群体不可避免的具有"不特定性"。

最后,现代未成年人的权益保护由家庭本位、学校本位和社会本位三个维度构成,新时期未成年人保护不平衡、不充分的现实问题[③]决定了社会本位在未成年人现代化保护的过程中占据着越来越重要的地位,将未成年人的某些特有利益上升为公共利益符合新时代对未成年人保护的功能和要求。

(二)未成年人权益受损的不可恢复性

未成年人主体身份具有特殊性,其身心发展的不成熟导致在处理未成年人问题时,必须采取不同于一般案件的方式。在众多未成年人被侵权的案件中,最先并且最容易受到伤害的不是其生理状态,而是其心理状态。未成年人容易因此种损害而产生心理的障碍。例如,在未成年人性侵犯罪案件中,其心理的创伤往往需要其用一生去治疗,但这种治疗并不能保证创伤被治愈。从心理学的角度而言,心理障碍对未成年人行为发展具有阻碍作用,并且青少年的心理问题显著高于同龄人,它是对其行为发展造成阻碍的主要因素。[④] 故未成年人精神和心理损害具有不可克服的抽象性和不可恢复性。

四、未成年人检察公益诉讼案件诉讼请求的确定:预防性为主,惩罚性为辅

上文已经推导了现有民事公益诉讼案件诉讼请求的提出的"实体→程序"路径,未成年人检察公益诉讼案件诉讼请求的类型化也应当遵行以上思路。本文从预防性诉讼请求的优益性与赔偿性诉讼请求的补救性进行构建,以更好的程序构造续写"儿童利益最大化原则"的中国化表达。

(一)预防性诉讼请求之优益性(事前救济)

1. 预防性请求提出的根据

第一,基于权益受损的不可恢复性。预防性请求权来源于德国《民法典》第 1004 条第 1 款后半句"所有权有继续受妨害之虞的,可以提起停止妨害之诉"。即对于未发生的

① 参见张鸿巍:《美国未成年人司法:体系与程序》,法律出版社 2020 年版,第 55 页。

② 参见玛格丽特·K. 罗森海姆、富兰克林·E. 齐姆林、戴维·S. 坦嫩豪斯、伯纳德·多恩编:《少年司法的一个世纪》,高维俭译,商务印书馆 2008 年版,第 3 页。

③ 参见宋英辉、刘铃悦:《〈未成年人保护法〉修订的基本思路和重点内容》,载《中国青年社会科学》2020 年第 6 期。

④ 参见苏玲、宋欣:《未成年人暴力犯罪与早期教育及其心理因素分析》,载《青少年犯罪问题》2005 年第 4 期。

但有可能发生的妨害，权利人有权请求预防。[1] 如上文所述，未成年人的权益之损害具有不可恢复的特点，若基于魏振瀛教授的救济性权利理论，[2]损害的不可恢复性对应着补救性请求权，即如果无法还原损害发生前的本旨状态，可以采用损害赔偿的补救性民事责任承担方式。然而这种补救性的事后赔偿无法满足未成年人保护"利益最大化"的需要，对于不可逆的心理损伤修复极为不利，因此，从事后补救模式向事前预防模式的转变已经成为未成年人司法保护迫在眉睫的任务。

第二，基于未成年人保护的公益性。预防性请求在我国公益诉讼的学理演进和实践进程中始终处于研究的"风口浪尖"，这是由公益诉讼本身的性质和属性所赋予的。公益诉讼的功能和目的在于防范、控制和避免"公共利益"的受损，区别于传统的私益保护的后置性，人们更希望社会的整体性利益不受任何损害。未成年人民事公益诉讼作为我国公益诉讼体系下的"新生儿"，也应当适应传统公益诉讼的新趋势，即采取事先预防措施。将损害的实际发生概率降到最低点，诉讼请求越凸显对损害的预防性，则越有利于未成年权益保护的利益最大化原则。

2. 预防性诉讼请求之构建路径

一方面，虽然学界有文章认为公益诉讼的基础法律关系是侵权之债的民事法律关系，[3]且传统意义上的公益诉讼的责任分析也都基于侵权责任，但是《民法典》改变了原先《侵权责任法》的"吸收模式"，将侵犯人格权所需承担的责任单独拎出，与侵权责任相分离，形成了"分离模式"[4]。是故，对涉未公益诉讼民事责任的认定应从侵权责任和人格权责任两方面进行考量。（见表 1）

表 1　民法典中"侵权请求权"和"人格权请求权"中的预防性请求

人格权编	第 995 条	人格权受到侵害的，受害人有权依照本法和其他法律的规定请求行为人承担民事责任。受害人的停止侵害、排除妨碍、消除危险、消除影响、恢复名誉、赔礼道歉请求权，不适用诉讼时效的规定。
侵权责任编	第 1167 条	侵权行为危及他人人身、财产安全的，被侵权人有权请求侵权人承担停止侵害、排除妨碍、消除危险等侵权责任。
	第 1205 条	因产品缺陷危及他人人身、财产安全的，被侵权人有权请求生产者、销售者承担停止侵害、排除妨碍、消除危险等侵权责任。

另一方面，目前在"等外范围"拓展未成年人检察公益诉讼的实务案件中，也蕴藏着"预防性诉请"的提出需求。

---

① 参见曹志勋：《停止侵害判决及其强制执行——以规制重复侵权的解释论为核心》，载《中外法学》2018 年第 4 期。

② 我国民法体系中民事责任的规定体现了救济性请求权的根据。

③ 参见潘静：《公益诉讼的诉讼请求类型研究》，华东政法大学 2016 年硕士学位论文，第 18 页。

④ 王利明：《论人格权请求权与侵权损害赔偿请求权的分离》，载《中国法学》2019 年第 1 期。

案例一:某公司在开发运营该公司 App 的过程中,在未以显著、清晰的方式告知并征得儿童监护人的有效明示同意的情况下,注册儿童账户并收集、存储儿童个人信息。在未再次征得儿童监护人有效明示同意的情况下,向具有相关浏览喜好的用户直接推送含有儿童个人信息的短视频,同时也没有采取技术手段对儿童信息进行专门保护。检察院根据实践情况针对"未成年人网络保护"提起了公益诉讼,其诉讼请求为:判令某公司立即停止实施利用该公司 App 侵害儿童个人信息的侵权行为,赔礼道歉、消除影响、赔偿损失并将款项交至相关儿童保护公益组织,专门用于儿童个人信息保护公益事项。

个人信息权益属于一种特殊的民事权益,其至少属于一种支配性的受法律保护的人格法益,其保护的方法应当属于人格权请求权。本质上,单纯的信息收集行为并不是违法行为,只有处理信息的行为不正当,才会产生法益侵害性。但是基于未成年人主体身份的特殊性以及权益被侵害的隐蔽性,市场主体的收集行为对不特定未成年人的人身安全、生活安宁等造成潜在风险,甚至若干儿童个人信息被不法分子利用后,可能产生或者已经产生了损害后果。在此种类型的公益诉讼中,预防性请求权的提出具有现实性和紧迫性。

案例二:新冠肺炎疫情导致医用口罩短缺,被告吕某利用机会从市场上游购买一批"三无"儿童口罩。被告明知该口罩为劣质产品,仍以次充好进行售卖。检察机关据此提出了公益诉讼,具体诉讼请求为:"诉请法院判令吕某在全国性的新闻媒体上发布伪劣商品警示公告,支付所销售的不符合国家标准的口罩价款 3 倍的赔偿金,并在全国性的新闻媒体上公开赔礼道歉。赔偿款交由基金会专用于未成年人新冠肺炎疫情防治。"

该案件的特殊性在于:既有消费民事公益诉讼的特性,也属于未成年人权益保护的范畴。疫情期间销售"假冒伪劣"儿童口罩侵害了公共卫生安全,危害不特定未成年人的健康权益,检察院提出的"发布伪劣商品警示公告、公开道歉以及支付 3 倍赔偿金"等具体诉讼请求应当是基于民事侵权责任而提起。尤其是"发布伪劣商品警示公告"的行为给付请求,带有鲜明的预防性色彩,其意旨是消除可能对未成年人造成的潜在风险,即"消除危险请求权"。

综上,涉未检察公益诉讼案件的诉讼请求应当依托于人格权责任和侵权责任,提出"停止侵害、排除妨碍、消除危险"三种预防性请求权,以此实现预防未成年人权益受损之核心价值追求。

(二)一般性(补偿性)赔偿诉讼请求之否定

补偿性赔偿严格遵循填平原则,民法世界中私权主体之间具有平等和独立的人格,这种赔偿的目的就是通过"财产填平"的方式使当事人回到未发生违法行为的状态,着眼于事后性。公益诉讼的补偿性赔偿请求在遵循上述原则的同时一定程度上有别于私益诉讼的规定。其一,赔偿金取得主体的特殊性,在公益诉讼中赔偿金获取主体和诉讼实际起诉主体往往不一致。在环境民事公益诉讼中,有的纳入政府财政资金,[①]也有的将赔偿金放入环境公益基金会运行;[②]在消费民事公益诉讼中,司法解释层面不涉及一般补救性赔偿之内容。其二,赔偿范围的确定,在环境民事公益诉讼中,赔偿范围和赔偿标准的确定依据对具体遭受损害的环境之评估得出,即作为填平功能的赔偿金必须评估量化的过程。

对于未成年人检察公益诉讼而言,一般补救性赔偿请求的构建存在以下几个问题。第一,未成年人精神利益和成长利益难以计算。补偿性赔偿的根本作用在于填平实际产生的损失,但是未成年人的权益受损经常伴随着心理和精神的创伤,其精神利益和成长利益无法用金钱债务来估量和替代。第二,损害赔偿金的管理和使用问题。作为公益诉讼的一种,若其在实际案件中存在损害赔偿金的判决,其损害赔偿金的最终获取主体也必然和起诉主体不一致,如上述案例一中,损害赔偿金款项交至相关儿童保护公益组织。这种设置方式将会和环境公益诉讼产生相同之问题,即损害赔偿金的监管和使用尚无法律效力层级的规范,不同的监管方式各有利弊,无法形成统一的机制。因此,一般补救性赔偿请求对涉未公益诉讼不具有普适性。

(三)惩罚性赔偿诉讼请求之必要性(事后救济)

1. 惩罚性赔偿请求的根据

第一,基于权益受损的不可恢复性。补救性赔偿作为不可恢复性损害的一般性责任承担方式在大陆法系私权诉讼中占据重要地位。上文所述的填平原则,其适用必须遵行两个条件:一是所需赔偿的金额在填补之前是确定的;二是通过填补使权利人在经济上的损失消失。一般来说,不可恢复的损害通常都属于非财产损害,在经济上通常难以进行具体的价值衡量,从而导致赔偿数额的不确定性,赔偿范围的界限模糊。而惩罚性赔偿请求权的发生须以填补性赔偿请求权的存在为要件,[③]简言之,惩罚性赔偿请求包含了补偿性赔偿请求的内容。

第二,基于未成年人权益的公益性。首先,填补性赔偿,本质上是将“损害”和“利益”画上等号,但是未成年人检察公益诉讼中所保护的“利益”是否可以衡量?如何衡量和计算?仅依据填补性赔偿的基本原理难以成就。其次,公益性本身的含义就包括了对不特定多数人权益的保护,这种保护必然是在对其他法律主体权利限制的条件下达成的。惩罚性赔偿制度这种防范在先、预防高于恢复的制度功能恰好与此种“限制”相配合,以便

---

① 东营市环保机关诉华益溶剂化工厂环境污染案,山东省东营市中级人民法院(2012)东环保民初字第 1 号民事判决书。法院最终判决被告承担环境修复费用,最终该赔偿款项划入环境保护部门专项账户,该笔赔偿金只能用于该案所涉受损环境的修复工作。

② 中华环保联合会诉安顺鸿盛化工有限公司水污染公益诉讼案。

③ 参见王泽鉴:《损害赔偿》,北京大学出版社 2017 年版,第 359 页。

发挥惩罚、威慑功能，防止将来再发生类似的行为，其填补的是社会整体利益的损害，[①]体现了对未成年人受害人的尊重和特别关照。

2. 惩罚性赔偿请求的构建

惩罚性赔偿，是指在补偿性赔偿或名义性赔偿之外，要求经营者向受害消费者承担超出实际损失以外的超额责任。[②] 根据《民法典》第 179 条第 2 款的规定，只有法律明确规定，惩罚性赔偿才可以作为承担民事责任的方式。笔者主张在未成年人检察公益诉讼领域设置惩罚性赔偿制度，原因如下：

第一，现行惩罚性赔偿集中在消费者权益保护领域，如《民法典》第 1185 条（严重的知识产权侵权）、第 1207 条（产品责任）、第 1232 条（故意污染环境和破坏生态），以及《消费者权益保护法》第 55 条、《食品安全法》第 148 条第 2 款等。其一般不得用于合同违约行为，而是更多用于民事侵权领域。未成年人检察公益诉讼本质上是普通侵权和人格权侵权引发的公益诉讼，不属于合同法的范畴。因此在涉未公益诉讼的土壤上构建惩罚性赔偿具有先决的合理性。

第二，考虑到未成年人面临的安全风险的复杂性和不可恢复性，损害不仅包括直接伤害，还有可能影响其心理、性格、智力发育和认知能力，造成的伤害和阴影往往伴随其一生。如果对严重损害未成年人成长利益的行为仅以预防性诉讼请求规制，使权利恢复到正常的状态，便无法对以金钱利益为导向的市场主体发挥严格的震慑作用，故应纳入惩罚性赔偿制度来有效遏制行为主体的不法行为。

---

① 参见马新彦、邓冰宁：《论惩罚性赔偿的损害填补功能——以美国侵权法惩罚性赔偿制度为启示的研究》，载《吉林大学社会科学学报》2012 年第 3 期。

② 参见黄忠顺：《惩罚性赔偿消费公益诉讼研究》，载《中国法学》2020 年第 1 期。

检察机关开展罪错未成年人临界预防的思考

江苏省南京市玄武区人民检察院课题组*

摘要：借助临界预防制度，检察机关可通过提前干预、分级处遇来预防未成年人违法犯罪。检察机关开展罪错未成年人临界预防符合国家亲权理念、恢复性司法理念及比例原则，但在实践中面临相关概念模糊、临界预防范围界定不明晰、临界预防路径不畅通等困境，需要厘清和明晰临界预防的概念、类型、理念和原则，构建监督线索和介入对象发现机制、精准社会调查评估机制和协同高效的社会支持体系，推动构建未成年人犯罪社会综合预防格局。

关键词：未成年人检察　罪错未成年人　临界预防　社会综合预防

未成年人犯罪是社会治理的痛点，与环境污染、毒品犯罪并称为世界三大公害。① 研究发现，七成以上的未成年犯有过前期的不良行为。② 与此同时，对低龄未成年人恶性犯罪、未成年人涉罪但未达刑事责任年龄等问题如何进行有效干预，持续引发社会热议。《预防未成年人犯罪法》《未成年人保护法》确立了分级预防、提前干预的原则，赋予检察机关在涉未成年人诉讼、重新犯罪预防等领域开展法律监督的职责。作为国家法律监督机关和参与未成年人司法保护全过程的司法机关，检察机关应积极推动建立罪错未成年人临界预防机制，推动建立未成年人综合犯罪预防体系。

---

* 课题组成员：狄小华，南京大学法学院教授；王卫东，南京市玄武区人民检察院党组副书记、副检察长；王洁，南京市玄武区人民检察院第四检察部主任；孙伟伟，南京市玄武区人民检察院检察官助理。本文系2020年度江苏省法学会法学研究课题“检察视角下的未成年人临界预防研究”（编号：SFH2020D08）阶段性研究成果。

① 参见狄小华：《中国特色少年司法制度研究》，北京大学出版社2017年版，第1页。

② 参见全国人大内务司法委员会工青妇室：《〈预防未成年人犯罪法〉实施情况调研报告》，载《预防青少年犯罪研究》2012年第1期。

一、检察机关开展罪错未成年人临界预防的困境

(一)相关概念模糊

临界预防制度是一项对罪错未成年人提前开展教育矫治,防止其日后走上违法犯罪道路或者实施更严重危害行为的制度。① 2019 年 2 月,最高人民检察院发布《2018—2022年检察改革工作规划》(以下简称《改革规划》),提出“探索建立罪错未成年人临界预防、家庭教育、分级处遇和保护处分制度”。但何谓“罪错未成年人”和“临界预防”,目前还缺少权威界定。

1. 罪错未成年人

所谓罪错未成年人,字面理解是实施了罪错行为的未成年人,罪错行为包含犯罪行为和错误行为。理论界和实务界就概念本身进行讨论的不多,大多就罪错行为类型及分级处遇措施进行探讨。在理论研究层面,刘艳红教授认为我国法律将未成年人罪错行为分为不良行为(一般不良行为和严重不良行为)与犯罪行为,分别在行政和司法两个体系中处理。② 在司法实践层面,上海市长宁区人民检察院课题组将未成年人罪错行为分为不良行为、行政违法行为、触犯刑法行为,并结合实践经验针对性地为未成年人三类行为设计相应的干预措施。③ 概言之,在现有法律框架及研究范围内,罪错未成年人采取的是一种广义的理解,其实施的行为类型大致包含不良行为、严重不良行为、犯罪行为三种类型。

2. 检察视角下的临界预防

基于检察视角研究临界预防制度的逻辑起点是界定哪些行为是需要检察干预的临界行为。在学理层面,明确提到临界行为概念的董邦俊教授认为可以将临界行为分为虞犯行为、违警行为、触法行为。④ 其观点与学界关于罪错行为的概念及分类高度重合。在法律规定层面,《预防未成年人犯罪法》在干预体系上分为预防犯罪的教育、对不良行为的干预、对严重不良行为的矫治、对重新犯罪的预防,在结构上大体是按照犯罪学理论中“三级预防”的思路进行分类,即一般预防、临界预防、再犯预防。⑤ 将临界预防独立于一般预防和再犯预防,体现了提早干预、分级处遇的理念。但“三级预防”存在界限不清、适用不当的情况,如对于问题突出的未成年人群体开展团体辅导是属于一般预防还是临界预防,哪些不良行为应当归入临界预防范围等。因此,为便于精准施策,临界预防的概念还需要准确界定。

---

① 参见刘宪权、何阳阳:《临界预防制度的构建与展开》,载《青少年犯罪问题》2019 年第 3 期。

② 参见刘艳红、阮晨欣:《新法视角下罪错未成年人司法保护理念的确立与展开》,载《云南社会科学》2021 年第 1 期。

③ 参见上海市长宁区人民检察院课题组:《未成年人罪错行为分类干预体系研究》,载《青少年犯罪问题》2019 年第 3 期。

④ 参见董邦俊、王小鹏:《未成年人临界行为及预防对策研究》,载《政法论丛》2016 年第 4 期。

⑤ 参见董邦俊、王小鹏:《未成年人临界行为及预防对策研究》,载《政法论丛》2016 年第 4 期。

(二)临界预防范围界定不够明晰

临界预防的特殊之处在于其"临界"性,体现了临界干预的紧迫性。未成年人正处于初步社会化过程中,犯错是难免的,有些越轨行为是他们学习社会规范的一种"试错"行为,应当为社会所容忍。① 对于未成年人罪错行为,干预过度可能引起标签效应,不利于未成年人健康成长,而干预不足又可能带来"小洞不补,大洞吃苦"的困境。从各地实践来看,检察机关开展临界预防的对象主要是触犯刑法但因未达刑事责任年龄不受刑罚处罚的未成年人,以及案件中发现的有严重不良行为的未成年人。但也有些地区检察机关对具有一般不良行为的中小学生开展临界预防,存在过度干预的现象。同时,对于有些严重不良行为,特别是低龄未成年人恶性犯罪,由于缺乏配套措施或者制度落实不到位,却很难开展有效的临界预防。

(三)临界预防路径不够畅通

临界预防兼具司法、行政、社会属性,目前,我国未成年人犯罪预防采用的是政府统筹主导的模式。② 临界预防需要投入大量的物力、财力,由政府统筹人、财、物具有正当性、合理性,但相对于困境儿童保护等传统工作,临界预防还是一项尚处在探索实践中的工作,且工作零散化、碎片化,尚未建立完备的工作机制,对于如何开展还需进一步谋划和思考。

"在现代社会,法治是保障未成年人身心健康和合法权益的基础方式。"③在司法机关内部,公安机关是最先接触罪错未成年人的司法主体,也是掌握罪错未成年人信息渠道最广的主体,但鉴于目前的考核需求、警力限制和"处罚不执行"的保护性政策,公安机关往往把精力放在打击犯罪上,对于不构成犯罪的未成年人,往往简单地批评教育后"一放了之"。与此同时,临界行为因尚未构成犯罪,在我国不能进入刑事审判视野,法院很难直接接触到这些罪错少年。

2021 年 4 月 6 日,最高人民检察院下发《"十四五"时期检察工作发展规划》强调,检察机关"十四五"时期要创新未成年人检察,规范推进未成年人检察业务统一集中办理,形成全面综合保护格局。特别是《预防未成年人犯罪法》和《未成年人保护法》赋予检察机关更多的未成年人保护法律监督责任。实践中,检察机关参与涉未成年人刑事案件全过程,起承上启下的作用,而且有权通过检察建议、督促、支持起诉、公益诉讼等形式对涉未成年人保护相关工作承担法律监督职责。未成年人检察采取的也是"捕诉监防教"一体化的办案模式,因此,检察机关对未成年人临界预防工作有条件也有义务承担司法保

① 参见狄小华:《中国特色少年司法制度研究》,北京大学出版社 2017 年版,第 57 页。

② 《预防未成年人犯罪法》第 4 条规定,预防未成年人犯罪,在各级人民政府组织下,实行综合治理。《未成年人保护法》第 9 条规定,县级以上人民政府应当建立未成年人保护工作协调机制,统筹、协调、督促和指导有关部门在各自职责范围内做好未成年人保护工作。

③ 孙谦:《中国未成年人司法制度的建构路径》,载《政治与法律》2021 年第 6 期。

护主导责任。然而,实践中检察机关开展临界预防又存在临界预防对象发现渠道不畅,报告主体不明,评估机制、处遇机制缺乏合理设计等问题。

二、检察机关临界预防概念的厘清及类型化分析

(一)临界预防概念的厘清

所谓临界,是指由某一种状态或物理量转变为另一种状态或物理量的最低转化条件。其应当包含两个层次的含义:一是状态质变的时间紧迫性;二是条件介入的最低必要性。如日本少年法将将来有可能犯罪或触犯刑罚法令的少年简称"虞犯少年",由少年法院处理。我国没有独立的少年法院,现有的临界预防概念过于笼统模糊,带来的主要弊端是致使为数不少的有一般不良行为的未成年人得到不适当的司法强制干预,而很多真正有必要以司法强制干预形式开展临界预防的未成年人却游离在外。实践中有必要区分不同类型的行为,对具体工作做进一步细分。对于有些有不良行为的未成年人,根据其品行和所处环境分析,如果屡教不改,违法犯罪倾向较强,才需要司法干预,具体来说应当具备以下两方面要件:一是实施了法律规定的不良行为、严重不良行为,这是形式要件;二是存在即将实施违法犯罪的危险性,即实质要件,这需要借助社会调查评估机制,通过行为频次、严重程度以及个人、环境等因素综合评估判断,以上二者兼备才能进行司法干预。

临界行为需要司法干预,本质上缘于其处于紧迫的"临界"状态,背后的逻辑是"此时不干预,后面即将违法犯罪"。即将实施违法犯罪的危险性评估标准:一是行为因素,包括行为性质、危害程度;二是个体因素,包括性格、行为习惯、生理发育情况、心理状况、文化水平等;三是环境因素,包括家庭环境、学校环境、社交环境等。三者结合进行综合评估,才能确定某行为是否需要临界预防司法干预。由此分析,在《预防未成年人犯罪法》立法体例下,关于法律规定的行为,严重不良行为需要司法干预,有些不良行为只需要学校、家长、社区自行开展临界预防,除非行为人屡教不改、人身危险性较大,才需要考虑司法干预,以避免标签化。

(二)临界预防的行为类型

临界行为的性质、成因、社会危害程度以及行为人主观恶性程度等均有所不同。对临界行为进行类型化分析,有助于分级干预、精准干预,阻断其向犯罪转化。

目前理论界和实务界对临界行为的分类多依赖于对罪错行为的分级处遇理论,存在不同的分类标准,如根据行为主体的年龄,行为次数及再犯可能性,行为人的人身危险性、社会危害性等。[①] 笔者更为认同第三种分类标准,即综合行为人的人身危险性、社会危害性等将需要干预的临界行为按程度轻重分为四类。一是涉罪但因未达刑事责任年

---

① 参见董邦俊、王小鹏:《未成年人临界行为及预防对策研究》,载《政法论丛》2016 年第 4 期。

龄不予刑事处罚的行为，我们称之为“准犯罪行为”，包括 12 周岁以下实施严重犯罪、12 周岁至 14 周岁实施两类恶性犯罪以外的其他严重犯罪、14 周岁至 16 周岁未成年人实施 8 种严重犯罪以外的其他犯罪。① 二是《预防未成年人犯罪法》规定的其他严重危害社会的行为。② 三是屡教不改的不良行为，我们称之为“高危身份行为”。四是诸如偶尔的“抽烟、喝酒”等一般不良行为，可以通过学校、家庭、社会自行干预的，我们称之为“一般不良行为”。借鉴全国未成年人检察工作创新实践基地四川省资阳市雁江区人民检察院的做法，该四种行为分别对应红色、橙色、黄色、蓝色四个风险等级。此外，根据临界行为的不同成因、特点和表现形式，我们尝试将临界行为分为财产型、暴力型、不良恶习型、问题教育型、问题家庭型、问题社交型等类型，并采用不同的处遇方式。

（三）分级处遇措施

目前法律设定的主要是行政性的处遇措施，因缺乏实施细则，实践中多被虚置。如《刑法》第 17 条规定，因不满 16 周岁不予刑事处罚的，在必要的时候，依法进行专门矫治教育。实践中专门教育长期处于停滞不前的办学状态，直到《预防未成年人犯罪法》将专门教育列为国民教育体系的重要组成部分，这是临界预防制度中有待发挥重要作用的保护处分措施。③ 基于上文对临界行为的分类，结合《预防未成年人犯罪法》，笔者认为可探索建立横向分类、纵向分级的处遇机制。④ （见表 1）横向上，根据不同的行为类型，着眼于行为产生的原因，结合个案需求，采取有针对性的处遇措施；纵向上，根据行为性质和恶性程度，分为红色、橙色、黄色、蓝色四个干预级别，对于前三类行为均需要司法干预，即机构强制干预。

---

① 本段提到的“严重犯罪”以《刑法》第 17 条规定为依据。

② 《预防未成年人犯罪法》第 38 条规定：本法所称严重不良行为，是指未成年人实施的有刑法规定、因不满法定刑事责任年龄不予刑事处罚的行为，以及严重危害社会的下列行为：（一）结伙斗殴，追逐、拦截他人，强拿硬要或者任意损毁、占用公私财物等寻衅滋事行为；（二）非法携带枪支、弹药或者弩、匕首等国家规定的管制器具；（三）殴打、辱骂、恐吓，或者故意伤害他人身体；（四）盗窃、哄抢、抢夺或者故意损毁公私财物；（五）传播淫秽的读物、音像制品或者信息等；（六）卖淫、嫖娼，或者进行淫秽表演；（七）吸食、注射毒品，或者向他人提供毒品；（八）参与赌博赌资较大；（九）其他严重危害社会的行为。

③ 《预防未成年人犯罪法》第 6 条规定，国家加强专门学校建设，对有严重不良行为的未成年人进行专门教育。专门教育是国民教育体系的组成部分，是对有严重不良行为的未成年人进行教育和矫治的重要保护处分措施。

④ 参见张小华、夏一巍、黄开诚、陈立毅：《罪错未成年人分级分类机制的完善——基于行为频次和严重程度的考察》，载《少年儿童研究》2019 年第 12 期。

表1 临界行为分类处遇表

行为性质	具体行为	行为类型	主要处遇措施（包括不限于）	风险等级
涉罪但因未达刑事责任年龄不予刑事处罚的行为	12周岁以下实施严重犯罪行为	准犯罪型	专门矫治教育	红色
	12周岁至14周岁实施两类恶性犯罪以外的其他严重犯罪			
	14周岁至16周岁实施八种严重犯罪以外的其他犯罪			
其他严重危害社会的行为	偷窃、哄抢、抢夺、故意毁损财物	财产型	训诫矫治，职业培训等，必要时可考虑专门教育	橙色
	寻衅滋事	暴力型	有期限的帮教考察，必要时可考虑专门教育	
	殴打、辱骂、恐吓，故意伤害他人身体			
	非法携带管制刀具			
	传播淫秽读物、音像制品、信息等	不良恶习型	心理辅导，行为矫治，必要时可考虑专门教育	
	卖淫、嫖娼、进行淫秽表演			
	参与赌博赌资较大			
	吸毒或向他人提供毒品			
屡教不改的高危身份行为	经常吸烟、饮酒	不良习性型		黄色
	沉迷网络不能正常学习生活的			
	参与赌博或迷信、邪教不能自拔			
	经常接触含不良内容的读物、音像制品、信息等			
	多次旷课、逃学	问题教育型	心理辅导，必要时可考虑专门教育	
	经常无故夜不归宿、离家出走	问题家庭型	亲职教育，必要时可考虑专门教育	
	与有不良习性的人频繁交往或加入不良团伙	问题社交型	活动、场所禁入，必要时可考虑专门教育	
	经常性进入不宜进入的场所			

续表

行为性质	具体行为	行为类型	主要处遇措施（包括不限于）	风险等级
偶发的一般不良行为	吸烟、饮酒	不良习性型	家庭、学校、社区专业人员有针对性地教育	蓝色
	沉迷网络			
	参与赌博或迷信、邪教			
	接触含不良内容的读物、音像制品、信息等			
	进入不宜进入的场所			
	旷课、逃学	问题教育型		
	无故夜不归宿、离家出走	问题家庭型		
	与有不良习性的人交往或加入不良团伙	问题社交型		

三、检察机关开展临界预防的理念和路径

（一）开展临界预防的基础理念

1. 国家亲权理念

“孩子首先是国家的根本、财富与未来，然后才隶属于其父母，孩子不但拥有自然父母，而且还拥有国家父母”①，这是国家亲权原则的内涵，也是世界各国普遍认可的未成年人保护制度的重要内涵。未成年人身心发育不成熟的特点导致他们很难为自己的困境发声，国家需要主动、积极作为，不但要进行事中的干预、事后的补救，还要进行事前的预防。

从职能上看，检察机关是国家法律监督机关，以诉讼监督、公益诉讼等方式督促相关职能部门依法履职是宪法和法律赋予检察机关的重要职责。从分工上看，检察机关在我国司法体系中上承公安机关，下接法院，具有枢纽地位，链接的机构最多、参与流程最广，发挥整合、监督主导作用具有现实可能性。检察机关要把握好职能定位，通过具体办案发现临界预防工作中的问题，促进职能部门履职，但不能“越位”代替有关部门做具体工作。

2. 恢复性司法理念

恢复性少年司法理念面向未来，以修复被罪错少年破坏的社会关系为目标，以罪错少年承担修复受损社会关系责任为前提，以受罪错影响的各方进行沟通为途径。该模式既克服了福利模式下罪错少年无须承担责任的弊端，避免了任意性程序可能导致的不

① 姚建龙、公长伟：《未成年人保护中的国家亲权理念研究——以新未成年人保护法为重点》，载《预防青少年犯罪研究》2021 年第 1 期。

公,又消除了刑事模式下少年经历的对抗性程序及承担刑事责任可能产生的“贴标签”效应,还吸收了民主参与理念及让罪错少年在自然生态中接受矫正的思想。[①]

3. 比例原则

比例原则要求适用保护处分和处罚措施应以实现矫正目的为必要,与未成年人行为的性质、情节、人身危险性、挽救可能性等相当。[②] 从一个人的成长轨迹看,未成年人犯错是在所难免的,关键是犯错之后采取什么方式使他们不再重复做出类似行为。对于偶发的旷课、夜不归宿等一般不良行为,如没有再违法犯罪危险的,过早的司法介入可能带来过度干预的“标签”效应,同时也会弱化和阻碍家庭、学校在促进未成年人正常社会化上应有效能的发挥,故没有必要将其纳入需要司法干预的范畴。另外,对于需要作出进入专门学校等处理的案件,检察机关应监督相关职能部门组织家庭、少年、专门学校等主体开展恢复性和解会议、恢复性听证等程序,保障临界行为处遇的正当性。

(二)开展临界预防的具体路径

新时代未成年人检察工作要求检察机关不能就案办案,要以未成年人保护法律监督者的身份履行好各项法定职责,积极履行未成年人司法保护主导责任。在临界预防工作上,检察机关应积极拓宽线索发现渠道,制定科学的评估机制,构建协同高效的临界预防社会支持体系,形成社会综合预防的良好局面。

1. 构建监督线索和介入对象发现机制

目前,检察机关介入临界预防的主要方式是在刑事案件的办理过程中发现涉罪但未达刑事责任年龄的未成年人、严重不良行为未成年人,这与未成年人检察工作的预防未成年人犯罪、全面综合保护未成年人合法权益的职能定位和发展要求相差较大,亟需主动延伸工作触角。最高人民检察院决定自 2021 年 5 月起至 2022 年 12 月在全国检察机关开展“检爱同行　共护未来”未成年人法律监督专项行动,其中一项重点监督工作就是“对罪错未成年人特殊矫治教育措施的落实”。实践中,对于行政违法的处置,要么因为未达年龄不予处罚,要么行政拘留不执行,起不到矫治功能。对于因不满 16 周岁不予刑事处罚的,责令监护人严加管教严重形式化,往往只是“一放了之”。对此,检察机关应加强监督,笔者认为可以参照检察机关牵头建立的侵害未成年人案件强制报告制度,对于严重不良行为、高危身份行为等线索建立强制报告制度,解决罪错行为发现难、发现晚的问题,将罪错未成年人违法犯罪的种子扼杀在萌芽状态。

2. 构建精准社会调查评估机制

全面、精准的社会调查评估报告是评定行为风险等级的重要参考,也是检察机关精准采取处遇措施的基础。对于通过刑事案件办理进入检察视野的临界预防对象,检察机

---

① 参见狄小华:《中国特色少年司法制度研究》,北京大学出版社 2017 年版,第 6 页。

② 参见孙谦:《中国未成年人司法制度的建构路径》,载《政治与法律》2021 年第 6 期。

关应当督促公安机关移送调查卷宗,就罪错未成年人的行为、成长经历、犯罪成因、监护教育条件等情况开展社会调查评估,出具调查报告和评估报告,检察机关根据评估结果开展分级处遇,必要时也可以自行开展社会调查评估。对于学校、社区、社会提供的临界预防线索,检察机关结合案情自行或联合公安机关开展调查评估,也可以委托社会组织开展调查评估,评定风险等级,制订帮教方案。

3. 构建协同高效的社会支持体系

未成年人保护需要社会各方分工协作,但在临界预防方面检察机关的手不宜伸得太长,对于仅有一般不良行为的未成年人,应将更多的工作重心放在督促和引导学校、家庭、社区等不断增强自身的内驱力,不轻易启动司法干预程序。在社会综合预防方面,检察机关要履行好未成年人保护法律监督责任,坚持"督导而不替代"的监督理念,通过检察建议、督促、支持起诉、联合行动、参与社会综合治理等,督促和引导相关职能部门建立临界预防机制,如监督行政机关有无对重点场所加强监管,防止未成年人受到不良影响;社区有无对社区里有不良行为的重点青少年登记造册,有无对其家庭开展家庭亲职关系指导;学校有无建立防治校园欺凌、防治性侵害等机制,有无安排专业人员对心理和行为有偏差的学生进行系统教育;网络公司有无履行相关网络保护责任,在避免青少年网络沉迷、网络暴力等方面建立预防机制等。

未成年人临界预防是一项社会化工程,社会专业力量的参与有助于预防对象顺利健康回归社会,《未成年人保护法》《预防未成年人犯罪法》均鼓励支持各责任主体,包括司法机关、社区、学校等引入社会服务组织、社会工作者参与未成年人保护和教育。实践中应积极探索社会支持体系构建模式,既可以"政府购买专业化服务"的方式,将未成年人检察特殊制度事务整体外包给公益组织,也可尝试采用检察机关主导多部门参与模式,并积极依托大型企业、大型社区合作成立观护帮教基地等。

企业合规

以检察机关为主导的企业刑事合规路径探索

何 萌*

摘要：企业合规已经成为经济全球化的必然趋势，也是实现国家治理体系和治理能力现代化重要举措。检察机关积极推动和主导企业刑事合规在理论和实践上都具有必要性。在企业刑事合规中，检察机关是最适合的"监管者"，可以通过检察建议、相对不起诉督促和引导企业建立有效的合规计划，规范内部治理和经营行为，探索推动企业犯罪附条件不起诉制度，从而真正使企业合规本土化。

关键词：刑事合规　检察建议　企业附条件不起诉

现代社会企业犯罪日益加剧，企业刑事合规成为运用法治思维有效预防企业犯罪、降低企业运营刑事风险的重要选择。在刑事合规全球化的浪潮中，检察机关已经意识到应当积极、主动、直接地参与到企业合规建构中。在全面推进依法治国的背景下，检察机关应当发挥积极的主导作用，探寻以检察机关为主导的企业刑事合规路径。

一、刑事合规概念与内涵的解读

企业合规是企业为有效防范、识别、应对可能发生的法律规定风险所建立的一整套公司治理体系。传统意境的企业合规定位在于企业通过对自身可能面临的合规风险，建立预防、监管和应对机制，从而保障企业经营利益的更好实现，主要体现在民事、行政等领域的自我守法。随着 21 世纪以来企业刑事犯罪的不断加剧，企业合规已经逐渐扩张

---

* 何萌，江苏省常州市新北区人民检察院第六检察部副主任。本文系 2021 年度最高人民检察院检察应用理论研究课题"企业犯罪相对不起诉"的部分成果。

升级到刑事领域,刑事合规也成为企业合规的核心内涵。

（一）刑事合规推动单位刑事犯罪追责理论的变革

我国刑法对单位犯罪有双罚制和单罚制,同时以既追究单位又追究责任人的双罚制为主。传统单位犯罪理论认为,企业是法律拟制的人格体,需要依靠企业内部人员的行为来实施犯罪,单位的刑事责任本质上是"雇主责任""替代性责任"。传统刑法理论一定程度上否定了企业的独立意志,而刑事合规企业则强调单位具有独立的意志,比较有代表性的有"人格化系统责任论""组织体责任论"等。合规计划之所以能将企业刑事责任与个人刑事责任成功切割的重要理由在于,企业作为一个有机体,具有独立的行为和意志,有效的合规计划能够证明企业没有犯罪的主观故意,而是企业内部员工违背企业意志实施违法行为。[①] 从风险刑法的理论看,企业通过实施有效的合规计划,降低了企业刑事违规的风险,从而起到使企业出罪或减轻罪责的作用。[②]

（二）刑事合规标志着企业犯罪治理观念的转变

传统的刑罚正当化强调刑罚的"报应"理论、"特殊预防"功能,注重对涉罪人的事后惩罚。由此可见,传统的企业犯罪治理也是以事后国家单项治理模式为中心,在这种模式下企业处于被动追究刑事责任的地位,并不能很好地推动企业开展自我守法建设。刑事合规的核心在于企业犯罪追责模式由事后惩戒式向注重事前预防式转变,从事后悔过、自我整改的角度,更加侧重刑罚的积极的一般性预防,企业通过合规整改,本质是对违法行为的负面评价,从而实现确立社会公众对刑法规范的认同、遵守,进而实现预防犯罪的目的。刑事合规将企业犯罪治理从单一的国家单项治理模式向"国家—企业"合作模式升级,企业将合规经营、预防犯罪纳入管理体系,从而实现刑事犯罪的源头治理。[③] 刑事合规的兴起,标志着对企业犯罪的治理从重事后打击轻预防向"国家—企业"双向合作的企业犯罪预防机制转变,也是经济社会企业自治和国家管理"双赢"的产物。

（三）刑事合规体现了检察机关司法理念的变革

检察机关开展企业合规改革,不仅是一项司法机制重大改革,还是司法理念的深层次转变。企业一旦受到刑事追诉,不仅其自身及员工、股东、投资人遭受巨大损失,且与其有商业关联的善意第三人也会受到无辜牵连,涉及社会公众利益和国家利益。由此,司法机关意识到不能因为"办一个案件搞垮一个企业",通过企业合规改革,督促涉罪企业进行自我整改和自我治理。企业通过全面审视在经营管理中的违法违规行为,建立有效的合规体系,从而完成"去犯罪化"改造。企业合规的核心在于刑法激励制度的完善,只有司法机关对合规后企业在定罪、量刑上予以轻缓处理,才能完成从企业经营概念上

---

① 参见陈瑞华:《企业合规的基本问题》,载《中国法律评论》2020 年第 1 期。

② 参见李本灿:《刑事合规制度的法理根基》,载《东方法学》2020 年第 5 期。

③ 参见张远煌:《刑事合规是"共赢"理念在企业治理中的体现》,载《检察日报》2021 年 8 月 31 日。

的"去犯罪化"到刑事判断的"合法化",从而使涉罪企业重新进入经营市场。同时,检察机关也通过刑事合规,充分发挥社会治理职能,成功参与到国家治理能力和治理体系现代化进程之中。

二、检察机关开展企业刑事合规的实践与困境

目前,检察机关开展刑事合规试点主要有两种模式:一种模式是立足现行立法,通过提出针对企业刑事合规的检察建议,督促涉罪企业整改和完善经营行为,在定罪量刑时可将其整改效果予以考量;另一种模式是探索企业刑事合规附条件不起诉制度。在检察实践中,开展企业刑事合规仍有一些困惑和难题。

(一)合规检察建议在运用中的困境

从各地的案例来看,合规检察建议是普遍采用的方式。最高人民检察院 2019 年发布的《人民检察院检察建议工作规定》中提出,检察建议是人民检察院依法履行法律监督职责,参与社会治理、预防和减少犯罪的重要方式;检察机关应当向涉案单位发出检察建议。[①] 司法实践中也有成功案例,最高人民检察院第二十二批指导性案例检例第 81 号:无锡 F 警用器材公司虚开增值税专用发票案,提出检察建议,推动涉罪企业改进合规经营情况,最终对该企业作出不起诉决定。虽然刑事合规检察建议是立足目前刑事立法下,检察机关主导企业合规的有效路径,但仍然存在一些实践中的难题和困境。

1. 合规计划有效性考察与办案期限之间的冲突

根据《刑事诉讼法》关于办案期限的规定,羁押案件的审查起诉期限有严格的办案期限限制,而对于取保候审的案件,取保候审最长不得超过十二个月。而企业合规计划一般应当经过较长时间的运行和实践,以检验其是否具备预防犯罪的"有效性",这与司法机关办案期限的严格限定存在冲突。在我国《刑事诉讼法》规定的司法办案期限内,特别是审查起诉期限内,要求企业完成合规计划的建立、实施和有效性评估,将会带来企业以形式上的合规来换取刑罚的从宽的隐患。解决这个问题,检察机关可以尝试在公安机关侦查阶段就介入对涉企犯罪的侦查的方式,并提出合规检察建议,以此适当延长合规计划考察期。上述做法对于中小企业、小微企业的合规整改可进行科学评估,但是对于规模庞大、涉及罪名较重的大型企业,由于其组织架构复杂、合规计划专业繁杂,使即便是借用侦查期限仍有无法满足合规监管考察的可能。

2. 将涉罪企业采纳检察建议作为法定从轻情节暂无立法依据

目前,在刑事立法中,并未将企业采纳检察建议作为法定的量刑从宽情节,检察机关在办理涉企案件时,可将合规建议的履行作为企业认罪认罚的重要考量因素,根据《刑事诉讼法》第 15 条的规定,以认罪认罚可以依法从宽处理。从长远考虑,应当将企业合规

① 参见《人民检察院检察建议工作规定》第 2 条、第 11 条。

建议的履行，作为法定从宽情节，在立法上确立。

（二）合规不起诉与情节轻微不起诉

我国《刑事诉讼法》第177条第2款规定，人民检察院对于犯罪情节轻微，依照《刑法》规定不需要判处刑罚或者免除刑罚的，可以作出不起诉决定，称为“情节轻微不起诉”，诉讼理论上又称为“酌定不起诉”，是检察机关综合案件事实、犯罪情节、社会危害性等，基于检察起诉决定权作出的自由裁量。

1. 检察机关相对不起诉权发挥不充分

司法实践中，检察机关的起诉裁量权运用并不充分。以江苏省检察机关为例，2016年至2020年，检察机关以犯罪情节轻微作出相对不起诉率分别为1.96%、2.41%、4.15%、4.91%、9.48%，[①]虽然总体上呈现逐步上升趋势，但比例仍较低，尚不能充分发挥立法赋予检察机关的终结性司法裁量权。

2. 刑事合规被吸收在“情节轻微不起诉”中仍是实践主要做法

对涉罪企业而言，相较于对其苛以刑罚，甚至让其遭受“灭顶之灾”，更关键的是，如何通过刑法激励，推动其通过自我治理自我规制的方式，获得“改过自新”的机会。刑事合规的出现，无疑为检察机关在办理企业犯罪案件时，在“犯罪情节轻微”之外，提供了一种不起诉权运用的重要考量依据。然而，目前检察机关将刑事合规大多适用于犯罪情节相对轻微、直接责任人可能被判处三年以下有期徒刑的涉企案件。对于该类案件，检察机关可以基于自由裁量权作出“酌定不起诉”，同时建议企业予以合规整改。检察机关作出情节轻微不起诉，蕴含着对涉罪企业不需要依赖刑法激励即可以自我完成“去犯罪化”改造的司法信任。相反，对可以作酌定不起诉的涉罪企业，仍设置合规监督等条件，与企业合规进一步扩大企业司法保护的初衷相违背。因而，企业合规不起诉不应当局限于轻微刑事案件，在重罪企业开展刑事合规更为重要。

（三）从“程序出罪”到“实体出罪”的司法探索

合规程序出罪，是指已经实施了犯罪行为的企业，在检察机关的主导下，完成有效的合规整改，实现“去犯罪化”改造，达到预防犯罪的目的，检察机关对其进行不起诉。实体出罪主要是企业可以将已经建立并实施有效的合规计划，作为无罪抗辩事由，特别是企业内部员工实施的犯罪行为，企业可以将其自身行为与内部员工行为相割离。[②] 2016年兰州市城关区人民法院判决的雀巢（中国）公司员工非法出售公民个人信息案，雀巢（中国）公司以已经建立有效的合规计划为由进行抗辩，将员工违反公司规定的行为与企业行为区分开，一审、二审法院均采纳该抗辩理由，不认定单位构成犯罪。[③]

---

① 数据来源：检察机关统一业务应用系统。

② 参见陈瑞华：《企业合规不起诉改革的八大争议问题》，载《中国法律评论》2021年第4期。

③ 参见非法出售公民个人信息案，甘肃省兰州市城关区人民法院（2016）甘0102刑初605号刑事判决书，甘肃省兰州市人民法院（2017）甘01刑终89号刑事裁定书。

从目前的司法实践尤其是检察机关开展企业合规试点工作的案例来看,刑事合规的“程序出罪”仍然是司法主流。检察机关对涉罪企业进行事后引导合规,从“去犯罪化”的角度评价涉罪企业已经达到了预防犯罪的刑罚目的,从而不再对其进行刑事追究。虽然说刑事合规的程序出罪在司法上更具有操作性,但是从刑法理论和对企业司法保护的角度看,建立刑事合规的“实体出罪”更具有深远意义。只有当刑事合规能够成为企业无罪抗辩事由,企业可以不必经过合规考察等待期而实现“无罪之身”,企业才有可能自觉地、主动地进行合规建设,而不是在事后进行合规补救。但是,以实体出罪为导向的刑事合规在我国刑法理论和立法实践上,仍然存在一定的障碍。以出罪为导向的刑事合规,其基础是承认单位犯罪的独立性,作为违法阻却或责任阻却事由的刑事合规,从法人独立意志出发,将企业的行为以及违法性与其内部员工犯罪行为加以区分,将有效的合规计划作为排除企业犯罪事由。我国现行刑法遵守主客观相统一原则,单位犯罪建立在自然人犯罪的基础之上,只有自然人的行为构成犯罪,才有追究企业刑事责任的可行性,从理论上否认了严格责任(无过错责任)的存在空间,这与“组织体责任论”在一定程度上相背离。我国司法实践中,主要是以单位直接责任人员的行为和主要过错来推定单位是否构成犯罪,难以从单位本身的规章、政策、文化等角度来判断单位是否具有可罚性。

三、检察机关开展企业刑事合规之路径探索

有鉴于检察机关开展企业合规面临的困境,结合我国企业经营和经济社会发展实际,以检察机关为主导的刑事合规制度可探索两个方面的路径:一是完善刑事合规检察建议制度,主要针对小微企业提出合规检察建议;二是探索以涉罪企业附条件不起诉为主导的合规不起诉制度,主要针对组织架构复杂、合规计划投资能力强的大型企业。

(一)完善针对小微企业的刑事合规检察建议制度

从检察机关开展合规试点实践看,进行刑事合规改革适用对象主要是一些中小企业或小微民营企业,小微企业“船小好调头”的特点决定其刑事合规的整改快、见效快,但小微企业资本体量小、抗风险能力差,如果长期处于合规考核的“涉罪未决”状态,势必严重影响其生存。因此,灵活的合规检察建议更加适合小微企业。对合规检察建议制度的建立,有以下几点建议:

1. 建立“侦查与合规同步”的合规机制

对涉企案件通过实质化提前介入,将案件侦查与企业合规同步进行,检察机关在侦查阶段即可提出刑事合规检察建议,给予涉罪企业充分的合规计划建立和运行时间。在审查起诉阶段,检察机关可对涉罪企业刑事合规整改的有效性进行考察,同时根据案件实际情况决定是否提起公诉或提出从轻量刑的建议。这里需要解决的问题是,需要在立法上明确检察机关在侦查阶段的法律监督权,特别是提起检察建议的权力。

2. 构建同时适用于企业和企业负责人的合规从宽制度

我国小微民营企业具有显著的人合特征，且多数为家族企业，企业负责人往往直接决定了企业的意志，企业犯罪行为也主要由企业负责人实施。一旦对企业负责人定罪，将直接导致企业的覆灭。从保障企业及善意相对人的合法权益出发，小微企业的刑事合规制度应当区别于英美法系意义上的“企业合规”，“去犯罪化”改造不仅适用于涉罪企业，同时应当适用于企业负责人。

3. 明确采纳合规检察建议的刑法激励制度

从现有立法框架上看，检察机关可将合规建议的履行作为企业认罪认罚的重要考量因素，根据《刑事诉讼法》第 15 条的规定，可以依法从宽处理。从长远考虑，应当将企业合规检察建议的履行，作为法定从宽情节，在立法上确立。对于小微企业，从成本角度考虑，可以建立“独立合规监管人”，对企业合规计划的有效性和执行情况进行独立监管。

（二）构建企业犯罪附条件不起诉制度

以刑事合规为基础的暂缓起诉制度起源于美国，检察官以企业建立有有效的合规计划为前提，与涉罪企业签订暂缓起诉协议（DPA）。在企业承认犯罪事实、配合司法机关的调查且根据检察官的要求在其内部建立起完善的合规机构的基础上检察官为企业设置一定的考验期，如果涉罪企业在考验期内能够遵守合规计划规定纠正违规行为，就可以使其免于刑事起诉。① 构建以检察机关为主导的企业刑事合规不起诉体系，是我国刑事立法应有之考量。相对于合规检察建议的灵活性而言，附条件不起诉启动程序应更为严格复杂，企业所花费的诉讼成本也更高，应当适用于犯罪情节较重、组织架构较为完善的大型企业。同时存在以下问题待研究：

1. 以合规为导向的附条件不起诉制度仅适用于单位企业还是同时适用于企业管理人员

目前我国刑法对单位犯罪实行“双罚制”，既追究犯罪单位的刑事责任，也追究单位主管人员和直接责任人员的刑事责任。一方面，附条件不起诉制度若同时适用于单位主管人员和其他责任人员，可能造成对相关责任人员的放纵，与企业刑事合规承认企业独立意志、保障企业自身生存、维护善意第三方利益的价值导向不相符。另一方面，若附条件不起诉制度仅适用于涉罪单位，仍然追究企业内部人员的刑事责任，就会对我国目前单位犯罪追责体系造成一定程度上的冲击。笔者认为，附条件不起诉制度仍可同时适用于企业和责任人员。

2. 应当设立合理期限的考验期，并赋予撤销机制

判断合规计划的有效性，是一个复杂而漫长的过程，特别是对于大型企业来说，必须经过一段期限的运行才能对合规计划是否有效而真诚进行科学的考量。在合规考察期

---

① 参见李勇：《检察视角下中国刑事合规之构建》，载《国家检察官学院学报》2020 年第 4 期。

内,检察机关如认为涉罪企业未能建立有效的合规计划,或并未实际履行合规计划,应当撤销附条件不起诉考察,对涉罪企业提起公诉。但同时,过长的考验期则会让企业被缠诉、累诉,与保障企业的出发点相违背。

3. 引入第三方监管机制

如何考察企业是否建立并实施了"有效的合规计划",是目前刑事合规司法化应当解决的核心难题。评价企业是否具有有效的合规计划时一般应当考虑以下要素:制定完备的合规管理规章,建立合规审查监督体系,建立合规风险预警和应对机制,设置违规处分程序,建立合规审查评估机制,建立违规行为上报和举报制度,建立企业合规文化。[①] 检察机关在办理涉企案件中,可以参考上述七个要素判断企业是否制订和实施了有效的合规计划。从专业性和司法成本的角度考虑,引入第三方监督评估机构无疑是检察机关在坚持企业刑事合规主导地位的基础上,作出的最优选择。

---

① 参见石磊、陈振炜:《刑事合规的中国检察面向》,载《山东社会科学》2020 年第 5 期。

涉企案件刑事合规构建路径初探

郜永田　丁彬江*

摘要：我国刑事合规处于理念的引入与实践的探索阶段。基于本土化刑事法律理论，推行刑事合规符合积极的一般预防理论，推动形成国家—企业合作治理模式，有利于丰富检察机关参与社会治理内涵。鉴于我国涉企案件的实际情况，有必要明确刑事合规构建的一般路径，具体从刑事合规的激励内容、前提条件、合规计划、成效验收等角度，全方位激活刑事法律对合规管理的激励机制，推动企业自主建立有效的刑事合规。

关键词：刑事合规　制度激励　合规计划　多元化监督

一、实践考察：我国企业犯罪现状与刑事合规试点分析

（一）国内现状：我国企业犯罪现状分析

从近年司法实践案例分析，刑事法律风险是当下中国企业家面临的最严峻风险。根据《2019—2020企业家刑事风险分析报告》数据显示，2020年民营企业家触犯频次最高的前五个罪名分别为：非法吸收公众存款罪（647次，27.72%）、职务侵占罪（373次，15.98%）、拒不支付劳动报酬罪（215次，9.21%）、虚开增值税专用发票罪（167次，7.16%）和合同诈骗罪（166次，7.11%），五个罪名占本年度企业家犯罪频次总数的67.18%。2020年国有企业家触犯频次最高的前五个罪名分别为：受贿罪（61次，26.18%），贪污罪（30次，12.88%），虚开增值税专用发票罪（25次，10.73%），行贿罪（16次，6.87%），挪用公款罪（16次，6.87%），五个罪名占本年度国有企业家犯罪频次总数的60%以上。① 其中，民营企业家与国有企业家触犯上述罪名频次，与2014年至2018年

---

* 郜永田，江苏省扬州经济技术开发区人民检察院第二检察部副主任；丁彬江，江苏省扬州经济技术开发区人民检察院检察官助理。

① 参见张远煌：《企业家刑事风险分析报告（2020）》，载《河南警察学院学报》2021年第4期。

期间相比，前两个罪名位次一致。[①] 结合国内涉企案件分析，企业的刑事合规风险主要来自企业家对自身的经营活动行为，以及刑事合规风险的认知失误的可能性。从司法裁判结果来看，轻刑化是主流刑罚趋势，2014 年至 2018 年判处五年以下有期徒刑、拘役、管制方式占比达到了 68.7%。[②]

（二）司法实践：检察机关刑事合规试点探索

刑事合规在我国司法实践正处于阶段性试点阶段。2020 年 3 月，最高人民检察院在上海、江苏、山东、广东的 6 家基层检察院，试点开展“企业犯罪相对不诉适用机制改革”。2020 年 10 月，浙江省人民检察院部署开展企业经济犯罪刑事合规法律监督试点工作。2021 年 3 月，最高人民检察院决定扩大企业合规改革试点范围，部署在北京、辽宁、上海、江苏、浙江、福建、山东、湖北、湖南、广东 10 个省（直辖市）开展为期一年的第二期试点工作。企业合规作为新兴事物，从域外“拿来”的同时，对其进行本土化转化已经成为实务界迫切需要解决的问题。各地方检察机关开展试点工作路径不一，如山东青岛市人民检察院充分发挥检察建议作用，要求涉案企业认真整改、合规经营；宁波市人民检察院主要委托相关行政主管部门负责涉案企业合规建设考察；深圳市宝安区人民检察院设立独立监管人协助监督。[③] 因此，在企业刑事合规建设中，需积极探索如何体现合规工作的法律属性，充分发挥检察机关职能作用，强化对涉罪企业的激励价值，最大限度惠及企业经营发展等。

二、刑事合规：刑法理论与检察职能的多向需求

（一）刑罚预防理论的内在要求

传统刑法规范通过刑罚威慑而达到预防犯罪的效果，主要分为以下两种：一是特殊预防，即对已犯罪者施以刑罚预防其再犯；二是消极的一般预防，即对潜在犯罪者加以威慑遏制其犯罪。由此可见，早期刑法规范更加侧重于事后追惩的消极预防模式，但这种犯罪预防模式对社会犯罪并没有起到显著的阻遏作用。发展到后期，积极一般预防的理念开始形成，强调刑罚的目的是面向未来的，不是单纯的对犯罪者进行刑罚，更多的是教导行为人遵守规范，树立忠于规范的价值信念。企业刑事合规则是积极一般预防理念下发展的产物，它是面向未来的、避免刑事违法与责任的措施。办理涉企案件的难点在于把握惩罚的限度，要尽可能避免因惩治企业，给公共利益和社会经济带来过大的负效应。通过刑罚手段激励其建立完善的合规制度，实现内部管理体系的改革，从而确保其可以有效地控制内部成员的行为，避免违法犯罪行为的发生。一方面，企业刑事合规在一定

---

① 参见张远煌：《企业家刑事风险分析报告（2014—2018）》，载《河南警察学院学报》2019 年第 4 期。

② 参见张志军：《中国企业刑事合规风险的基本样态及其防控基准——基于 2349 份生效裁判文书的实证研究》，载《法治论坛》2019 年第 4 期。

③ 参见马明亮：《论企业合规监管制度——以独立监管人为视角》，载《中国刑事法杂志》2021 年第 1 期。

程度上弥补了罚金刑在预防效果上的缺陷,可改善目前对犯罪企业惩治效力不足的局面;另一方面,企业刑事合规会使企业将刑法规范内化为自身的行为准则,培养企业及其成员的守法意识,形成对刑法规范的内心认同。相对于事后性的刑罚惩治而言,刑事合规体现了刑法规范的前置,使规范相对人确信遵守该规范不会受到刑法的不利评价,有利于实现对犯罪的一般预防。[①] 刑事合规是为了避免实施犯罪,具有预防犯罪的功能,但如果履行了合规义务,仍然未能避免犯罪行为发生,刑事政策也不完全否定企业的刑事合规努力,可以通过刑罚的减免予以肯定性的激励。企业致力于消除或抑制内部犯罪诱因,只要恪守合规义务就可减免刑事责任,激励企业从被动合规走向主动合规,主动建构犯罪的自主预防范式。而所谓的刑事激励机制,一方面表现为司法机关的自由裁量权,另一方面赋予涉罪企业主张合规抗辩、量刑从轻的机会,由司法人员在协商性司法的理念下,综合考虑企业所犯罪行的主观恶性、案件的社会影响范围、企业对侦查行为的配合、内部合规计划的有效程度等因素,审慎定罪,克制用刑。[②] 这将使一部分涉案企业切实感受到刑事法律的宽容,企业将会更加积极地遵纪守法。

(二)国家—企业合作治理模式的应然选择

传统企业犯罪的预防、侦查和惩处主要依赖国家的监督和法律的制裁。当前,企业犯罪案件日益增长,国家资源有限,可通过国家—企业合作模式提高预防和惩治企业犯罪的效率。首先,有效地惩治企业犯罪离不开企业的协助。由于企业犯罪的种类大多是经济犯罪,并且不同类型企业内部管理体制具有差异性,这就对司法机关调查案件所需要的时间和人力提出了挑战。在刑事合规中,企业发现犯罪行为后应当及时报告司法部门,并积极协助司法部门侦查,同时,企业通过合规管理,可以减少难以预估的刑罚威胁。其次,企业犯罪的预防需要企业自治。刑事合规的特点就是将外部规制逐渐转向内部管理,具体来说就是将国家对犯罪行为的监管责任传递给企业,形成在企业犯罪预防方面的国家—企业合作模式。最后,在企业内部建立合规制度也增强了企业成员的责任感,每个在企业内部各司其职的人员都会增强与其业务相关的法律风险的预防意识。企业疏于对刑事风险的防范而使企业陷入刑事责任中,会对企业名誉造成严重损害。刑事合规制度在预防企业犯罪的同时,有利于提高企业名誉,不断提升企业价值。

(三)检察机关参与社会治理的必然要求

检察机关在做好指控证明犯罪的同时,要积极参与社会治理,助力依法开展刑事合规管理,促进企业及企业人员遵法、学法、守法、用法,提高企业经营管理法治化水平。[③]

---

① 参见王志远、邹玉祥:《刑事合规视域下单位犯罪刑事治理的检视与完善》,载《甘肃社会科学》2020 年第 5 期。

② 参见陶朗道:《民营企业刑事合规的解构与展望》,载《浙江工商大学学报》2021 年第 1 期。

③ 参见 2020 年 9 月 10 日,最高人民检察院党组副书记、常务副检察长童建明在企业刑事合规与司法环境优化研讨会上的讲话。

刑事合规与检察履职深度融合,是检察主导作用的又一充分体现。如前所述多地检察机关积极开展实践探索,联合相关职能部门出台关于指导非公企业开展刑事风险防范体系建设的指导意见、关于开展企业经营管理人员岗位刑事风险防范培训工作的方案,督促涉罪企业建立和完善刑事风险防范机制。通过履行检察办案职能,对于发现社会治理工作中存在的问题、隐患和漏洞,及时向有关单位和部门提出改进工作、完善社会治理的检察意见建议,建议涉案单位健全预防违法犯罪制度,加强内控机制管理,及时消除违法犯罪隐患等。这些检察职能的发挥,能够促进企业刑事合规发展,将办案资源有效转换为预防资源,以此服务于贯彻执行中央提出的“六稳”“六保”任务。检察机关结合司法办案推进企业刑事合规建设,不仅可以强化检察机关的法律监督地位,还更能彰显检察机关司法行为的积极能动性。

三、涉企刑事合规的实施路径及多元化监督

(一)激励理念:充分运用刑事裁量权

企业刑事合规,是指涉案企业承诺在一定期限内建立完善的刑事合规机制,堵塞公司运营的制度漏洞,挽回各种损失,防止企业犯罪,经评估涉案企业符合刑事合规标准的,依法对企业和涉企人员从宽处罚。刑事合规属于企业合规体系的下属概念,是企业管理理念与制度的重要组成部分;但其实质在于“刑事”,而非“合规”,自身具有一定的独立性,区别于覆盖面宽广的行政合规。有观点认为,刑事合规涉及“事前与事后”的集合范畴,但从司法试点结果来看,刑事合规应当明确为“事后合规”,如果一个企业未进入任何刑事诉讼阶段,其前期自行制定并运行的管理制度,并不能附加“刑事”评价;换句话说,只有一个企业可能被评价为“刑事犯罪”,其在司法机关指导下运作的合规制度,才可能被纳入“刑事合规”范畴。“事后合规”的意义在于:一方面赋予涉案企业指定的合规义务,并通过刑事裁量权对等地给予刑事法激励,该激励依据来自《刑法》第 61 条量刑根据中的“对于社会的危害程度”,内容包括实体与程序两方面,分为相对不起诉激励与量刑从宽激励,影响范畴及于企业与相关自然人。具体包括:对犯罪情节轻微,涉案企业、人员均符合相对不起诉条件的,可对涉案企业、人员均作出不起诉决定;涉案企业或部分人员符合相对不起诉条件的,可对符合条件的涉案企业、人员作出不起诉决定;应当提起公诉的,量刑建议减让幅度具有明确标准,并与法院裁量尽量保持一致,以此确保司法公信力。当涉案企业、人员拒不认罪;或者曾因同一性质行为受过刑事或者行政处罚;犯罪行为造成恶劣社会影响的,不适用企业刑事合规从宽制度。

(二)前提条件:明确设定刑事风险点

刑事合规最内核的价值在于以预防犯罪为目标,其有效性的前提必然是能够规避刑事法律风险。而企业经营活动触发的风险来自多方面,必须要合理界定刑事合规预防的风险来源,不能简单地认为包含经营管理的全部风险,此种合规标准既不符合实际,又无

可操作性。同时风险来源应当是来自企业内部,而不是外部环境风险。换句话说,其出发点来源于企业内部管理控制制度,落脚点在于防止内部员工实施犯罪行为,上升为单位意志的构成单位犯罪,以此杜绝再犯可能性或者减轻本次犯罪行为后果。评估企业涉案刑事风险点,需结合个案评估具体原因,对识别的刑事风险进行定性、定量分析。[①] "定性"目的在于能够预防企业内部刑事犯罪风险,及时发现并将其化解;即使风险转化为现实损害时,也能最大限度减少对企业利益的损害。"定量"目的在于达到对风险点的有效管理即可,既能保障企业稳定持续经营,又能减轻刑事犯罪引发的负面效应,防范企业的"合规过载"。同时围绕涉案的刑事风险点,充分考察企业的社会危险性,结合了犯罪行为的严重程度和普遍程度等因素,制订的刑事合规计划,其内容兼顾合理性与充分性。具体而言在确定刑事风险点时,首先,每一个具体的犯罪事实中,均会涉及具体的风险点,即个性化的风险内容,而能够起到防火墙作用的刑事合规,必须是针对该具体风险点的;其次,应结合涉案企业的行业领域,如金融、个人信息、知识产权、环保等不同的业务类型、管理环节,通过对法律法规和监管要求的详细审查和拆解,提取并建立同类行业领域的高发风险点数据库,结合涉案企业现状,以数据库内容进行风险比对,筛选关键要素共同搭建个案企业刑事合规。刑事合规内容并非只是"因案合规",而是在刑事个案基础上实行"因企合规"的定制化模式。因此,设定的刑事风险点,兼具共性与个性特征,因企业业务领域不同而保有差异性,但其判断因素应保证同质性,且具有相对稳定性。

(三)核心内容:制订并实施合规计划

刑事合规的启动目前主要依赖检察机关主导,其核心内容必然是涉案企业制订的合规计划。合规计划的制订与实施将会纳入企业治理长效机制,这增加了企业合规管理的成本,而作为市场逐利主体的企业,只有在合规的经济成本小于没有合规的成本时,才会考虑使用合规。[②] 因此,将涉案企业纳入刑事合规范畴时,必须遵循自愿性与必要性原则。首先,合规计划必须是涉案企业自愿制订并运行的,检察机关不能强行要求涉案企业进行整改,否则当整改到一定阶段,企业不愿或者无法继续整改,该制度的实施就缺乏意义。其次,合规计划应包括以下几个方面内容:(1)案件适用范围。既以涉案企业规模为判断,又以涉嫌罪名轻重为裁量。通过走访、发函等形式,对涉案企业的经营规模、发展状况、行业评价、社会贡献等开展社会调查,以此判定涉案企业是否有必要开展刑事合规,以及确定刑事合规计划的覆盖面。如对规模以上企业,应建立全面的刑事合规计划,其他中小企业可以针对案件中暴露出来的问题,建立刑事合规计划。同时建议适用于主刑为罚金刑或者五年及以下监禁刑的犯罪,并排除几类特定案件,如不认罪、社会影响恶

---

① 参见韩铁:《企业刑事合规的风险防控与建构路径》,载《法学杂志》2019 年第 9 期。

② 参见刘伟:《刑事合规的溯源、反思与构建》,载《江海学刊》2021 年第 4 期。

劣等类型。(2)案件处理方式的协议条款。设定履行义务、履行期限、履行情况,在约定期限结束后,通过评估审查确定审前分流,即是否进行相对不起诉或者刑罚从宽。企业需要及时主动提供先前合规计划的有效性证据,以此证实公司履行了注意义务上述证据是界定企业刑事责任是否分割以及大小的标识。若涉案企业认罪认罚,同意检察机关整改要求,其则可以获得从宽处罚的结果。[①] 但刑罚从宽处罚幅度不得超过法定刑的特定比例,并根据时间节点先后顺序,确定有差异性的从宽幅度。通过培训的方式向所有员工有效普及企业的合规政策和标准。此外,建立违规举报制度,让员工举报可能的违规行为。[②] (3)增设实质的司法审查环节。综合考量刑事合规建设复杂程度、企业情况等因素后,由检察机关听取涉案企业意见以确定考察期限,考察期限一般不超过十二个月。为了实现对企业履诺监管的实时性、有效性,检察机关还可通过各种形式开展外部调查或者跟踪调查,并要求涉罪企业主动进行内部调查,必要时可以邀请有关领域的专家共同参与。

(四)成效验收:独立、专业第三方介入

如前所述,企业合规计划的实施与刑事责任的承担二者在实体法与程序法层面均发生了直接的关联性。合规计划既是企业治理重要内容之一,又成为影响企业刑罚裁量、刑事诉讼的关键因子。但合规计划的存在并不等同于合规计划的实施。从刑事法律风险防范的角度来说,其有效性的判断标准在于评估企业的规章制度是否符合国家法律规定,企业的经营行为以及经营过程中的企业行为是否存在刑事法律的风险。同时企业作出的合规承诺实现与否,其判断主体单纯依靠司法机关或者非专职型第三方机构不具有现实可能性。特别是对涉案企业在检察机关介入前的合规制度是否得以执行进行认定,需要监管部门事前的监督与认定,更需要事后长期的闭环监督与整改。为确保刑事合规的司法公正,需主动建立外部监督机制,实行检察机关总考察,专业合规监管人(或者称为独立专业监管人、合规监管人)以独立外部专家身份实施合规整改计划,职能属性类似于破产清算案件中的破产管理人。如由律师以律师事务所法律专业服务方的身份进入合规监管人专家库,同时还可以引入会计师事务所、税务师事务所、知识产权代理事务所、环保领域的科研机构等联合构成监管人团队。让外部独立的专家以机构的名义进入合规监管人的名单,责令企业从名单库里抽取多个不同领域的专家协助企业进行刑事合规工作。同时充分利用公开听证审查、系统内部备案等方式,坚守"公正底线不能突破"原则,强化对合规计划的司法审查力度。合规监管员发现其他犯罪线索,应当及时向检察机关报告。由检察机关决定,是因案整改,还是因企业全方位整改。企业合规承诺后就"历史问题",主动披露的可以获得从宽处理,以此节约司法成本。如果企业因有犯罪

① 参见赵恒:《刑事合规计划的内在特征及其借鉴思路》,载《法学杂志》2021 年第 1 期。

② 参见马明亮:《作为犯罪治理方式的企业合规》,载《政法论坛》2020 年第 3 期。

前科被禁止市场准入的,可以建立了系统性合规计划申请解除其“市场准入限制”。合规整改过程中,涉案人员有权离开企业去他处就职。但是,涉案人员是否被不起诉,依赖的是企业整改的验收结果。

案例研究

论案例意识及其提升路径

陆秀勇*

摘要:案例意识是做好案例工作的前提。案例意识具有人民性属性与法治属性,需从教育培训、历练累积以及心理强化等角度系统养成案例意识。同时,对案例意识进行本质、分类、主客体方面的深刻理解,可发现案例意识培育工作的不足,故建议在教育式培育、实践式培育、宣传式培育等方面予以改进。

关键词:案例意识　本质特征　培养规律　对策建议

中国特色案例指导制度是中国特色社会主义司法制度和检察制度的重要组成部分。2010 年 7 月,最高人民检察院印发了《关于案例指导工作的规定》,标志着检察机关案例指导制度正式建立。2018 年 10 月第十三届全国人民代表大会常务委员会第六次会议修订的《人民检察院组织法》第 23 条第 2 款规定,"最高人民检察院可以发布指导性案例",从基本法律层面对检察案例指导制度进行了权威确认。2019 年 3 月 20 日最高人民检察院第十三届检察委员会第十六次会议审议修订了《最高人民检察院关于案例指导工作的规定》。至此,检察案例指导制度进入发展新阶段。截至目前,最高人民检察院已发布指导性案例 31 批 126 件;发布不同主题典型案例近百批次,仅 2020 年上半年,就公布了 10 批次典型案例。"案例是检察产品和法治产品的最主要的体现之一"。[①] 张军检察长在基层调研时说"一个案例胜过一打文件",当前,指导性案例与典型案例工作呈现逐渐丰富、

---

* 陆秀勇,江苏省泰州市人民检察院法律政策研究室副主任,兴化市人民检察院副检察长(挂职)。

① 万春:《最高检指导性案例的发展历程和创新完善》,载《国家检察官学院学报》2019 年第 5 期。

及时性针对性强、司法领域和社会影响不断提升的新特点，迈上了规范化发展的高速轨道。

“最高检一直强调，要增强案例意识，用案例统一执法思想和司法尺度。”[①]那么，什么是案例意识，如何培育和增强案例意识，并以此指导检察案例工作呢，笔者试对此进行探讨。

一、案例意识的概念与主要表现特征

“意识”是人的头脑对于客观物质世界的反映，是感觉、思维等各种心理过程的总和。[②] 现在，我们通常讲“意识”，已远远超过字面意思，有着更多的社会心理内容和思想内涵。“意识”初为佛家用语，为佛教“六识”之一，即“由意根所起之识，亦称法识”。现代“意识”的内涵主要为哲学上的“意识”与心理学上的“意识”两种。一种是哲学上的意识，与“物质”相对，意识是物质世界的主观现象，研究意识与存在之间的关系，马克思主张“物质决定意识，意识反作用于物质”。另一种是心理上的意识，指“意识到”的活动，主要为个人心理意识等，包括感觉、知觉、思维在内的一种具有复合结构的最高级的认识活动，思维在其中起着决定性的作用。案例意识中的“意识”，应为哲学“意识”指导下的心理学“意识”活动，即在物质决定意识，意识反用于物质等科学理论指导下，对案例及其相关工作，重视、推进、落实、总结，以及对案例进行培育、提炼、打造、撰写、发布、运用、研究等一系列较强目的性、较为体系化的心理活动。《中共中央关于全面推进依法治国若干重大问题的决定》，明确提出“加强和规范司法解释和案例指导工作”。强化案例意识，推进案例工作，成为检察机关下一阶段重点目标任务之一。

（一）案例意识的价值属性

“案例工作是政治性极强的业务工作，也是业务性极强的政治工作”。案例意识是政治理念指导下引领和服务司法办案和案例工作的重要思维与心理活动。案例意识首先是一定政治理论、价值观念指导下，以案例为产品、载体和平台，实现案例工作直接目的和社会目的，进而贯彻政治理论、价值观念、治理要求的思维方式。检察机关是司法机关，坚持党的绝对领导是检察工作最大原则和最大优势，作为检察观念重要组成部分的案例意识，必然天生具有检察机关的政治属性。案例意识要求：体现讲政治与抓业务的有机统一，从政治高度认识和处理案例工作，让案例工作更深、更实体现政治要求，坚持中国特色案例指导制度，走中国特色社会主义法治道路。

（二）案例意识的产品属性

案例意识是新时代检察机关以案例服务保障人民司法需求，满足人民法律监督期待

---

① 参见《发挥涉疫情典型案例的示范引领指导作用》，载《检察日报》2020 年 3 月 9 日，第 1 版。

② 中国社会科学院语言研究所编：《现代汉语词典（修订本）》，商务印书馆 1998 年版，第 1495 页。

的思维方式和心理活动。新时代社会主要矛盾发生了重大变化，人民群众在民主、法治、公平、正义、安全、环境方面有了更高需求，案例意识正是检察机关为满足人民群众对法治产品、检察产品的需求，而进行的一系列主观心理活动，如实行供给侧改革，培育和运用检察典型案例，统一司法标准，丰富法治和普法资源，深化法治地区建设等。人民群众关心的重点、热点、难点法律问题和法律事件，也正是案例意识重点关照的重要区域，典型案例的针对性与及时性，正诠释了案例意识对人民群众需要的主观反馈。

（三）案例意识的法治属性

案例意识是推进法治进步，促进社会治理在案例工作上的集中主观表现。指导性案件基于法律的滞后性，以及法律适用与规范现实之间的空白与距离问题，着眼于法秩序的统一，以及法律适用与社会治理等经验总结与创新措施，以规范化典型个案的方式，为司法界与全社会提供案例遵循。在司法语境中，指导性案例制度可以统一司法尺度，创新和提升司法办案与司法工作水平，强化法治科学性和权威性，推进公正司法。在社会治理语境中，指导性案例可以作为优秀的法治资源，通过教育、宣传、学习、对照等路径，为社会提供行动指南。同时，指导性案例作为现代法治公民和法治社会塑造的丰富"养料"，为科学立法、严格执法、公正司法、全民守法，法治国家、法治社会、法治政府建设一体推进助力，这是法律的社会功能通过规范化案例得到体现。

二、案例意识培养的规律与要求

案例意识是案例工作的理念引导和精神动力。做好检察案例工作，完善具有中国特色的社会主义检察案例制度，必须把案例意识建设放在重要位置，以更优的意识提升案例工作质量。

（一）政治环境对案例意识强化的固本作用

党中央在研究部署全面推进依法治国这一基本治国方略的关键会议和文件中，明确了案例指导制度。"最高人民检察院张军检察长多次强调，指导性案例是检察工作中落实'讲政治、顾大局、谋发展、重自强'的重要抓手"。[①] 应该说从中央、最高人民检察院到省、市、县级院对案例工作都是高度重视的。但也正如张军检察长所说，各级检察机关还存在"案例意识不强，反映政策指导意识不强，案例敏感性不够"[②]。当前要强化案例意识，首先应当充分阐述案例工作在检察工作、法治国家、社会建设中的重大历史意义。通过组织、示范、奖励考核等方式方法，组织开展案例系列学习研讨活动，在极短的时间最大限度调动干警主观能动性，外化式强力冲破忽视案例工作的错误思维，不断强化案例

① 李文峰：《检察机关案例指导工作回顾与制度构建》，载《人民检察》2020年第7期。
② 摘自2019年7月20日张军检察长在大检察官研讨班上的讲话。

工作在检察工作中比重，突出案例在服务法律政治保卫功能和社会治理功能中的巨大作用，让案例意识在检察政治意识推动下，得到坚决地贯彻和落实。

（二）教育培训是案例意识提升最直接最有效的载体

案例的培育、撰写与运用等技能与其他检察技能一样，具有一定的技术含量，有着内在工作规律、程式与范式，案例意识与案例工作需要教育培训。只有系统培训与卓有成效的教育培训体系及其有力实施，才能使案例意识和案例工作规范化、正规化，使案例人才专业化、规模化，形成案例意识和案例工作高质量发展和快速发展的良好局面。要建立检察案例意识和案例工作的教育培训体系，而不是满足于手把手、零星的专家讲座和骨干经验介绍传授。要开发师资力量和教本资源，形成系统的教育培训课程和教师梯队。通过专题教育、专门培训、定期培训、网络讲座等将案例课程向一线推广。同时，践行"以需求为导向、以问题为中心、以学员为主体、以教师为主导、以行动为方式、以能力为目的"①的现代实训理论，综合采用案例式、讨论式、比赛式、讲授式等多种方式，开展教育培训。使案例意识和案例工作在教育培训中得到规范化提升和高质量发展。

（三）从经验的角度，强化案例意识在检察办案中的历练累积和现实生成

"法律的生命在于经验而非逻辑"。案例工作作为法律工作的一项基本技能和重要组成部分，也符合这一特征。案例意识的提升主要依靠司法者在日常司法办案或其他工作中，通过观察、提炼、撰写、修改、总结等对具体案例在实体或程序上进行主客观加工，积累和丰富办案经验，提升对案例工作的重视度、规范度、创新度。没有经验的积累，而只有说教和疏于实践的训练，案例工作的开展和案例意识的提升难以有所建树。规则提炼与司法路径创新是司法实践的派生物，案例承办人或者与案件办理相关的人更有条件，能在实践基础上对案件进行提炼加工，没有司法实践而只是一般的理论学习、案件介绍与评查，案例工作能力与案例意识提升将是缘木求鱼。提升案例意识更应当是办案人员在实际办案中发力，发挥办案主体案例工作主力军作用，加强典型案例培育意识，促进案例意识在办案主体的办案实际中生根发芽。

（四）从心理的角度，扩大案例意识的内在动因和自觉

案例是检察机关的主要法治产品之一，案例工作是检察机关业务的主要内容之一，案例意识的提升依赖责任主体对该项工作的心理认同与内在动因的强化。案例工作本来就是案件办理的一部分，是案例办理的一种提升与升华，承办人应当坚决摒弃"就案办案""案结事了"的思想，坚持案例工作的主体心理定位与身份定位，自觉从案例打造的视角看待手中的案件。加强对案例工作的全方位宣传，在对案件承办人加强案例打造责任感、既成案例的成就感、荣誉感的同时，号召广大群众则通过了解学习案例，提升知法、信

① 李继华、郭小峰：《检察业务实训的理念模式》，中国检察出版社 2014 年版，第 29 页。

法、守法、用法的能力和意识,在全社会形成认同案例、运用案例的广泛社会心理,提升典型案例本身在社会法治建设中的整体地位和作用。

三、案例意识培育的几个基本问题

案例意识生长于案件的办理、总结、管理、宣传等诸多场景中。在长期的案例工作实践中,案例意识不强、定位不准、狭隘等问题也逐渐显现。存在没有把案例意识与丰富的司法实践相适应,与推进社会治理体系和治理能力现代化的功能相配套等问题。

(一)案例意识的科学分类

案例意识可以根据具体指向的案例类型的不同,分为典型案例意识与指导性案例意识。二者分类的意义在于,案例意识所指向的案例的内容、体例、法律地位、功能侧重点不同,指导性案例内容更加严谨、体例相对规范固定,法律地位较高,功能更侧重于弥补法律及规则的空白,而典型案例意识则相对较为灵活,主要突出一段时期的工作和宣传主题等。可以根据案例生成所处的阶段,分为案例培育意识、案例撰写意识、案例运用意识。案例培育意识,主要指办理案件、案件遴选、案例打造时的推进案例工作的意识状态,主要特征为办理案件时求极致的态度,精选案件时的目的性;案例撰写意识,主要指案例在撰写、打磨、定稿中所具有的主观状态,主要特征是撰写时规范化思维、总结时精准化思维、用语时法律化思维;案例运用意识,是典型案例生成后,在运用、宣传中所具有的意识状态,主要特征是对照式思维、研究式思维等。

(二)案例意识的主客体

中国特色案例指导制度的本质是法官释法与检察官释法,案例意识是对典型案例和案例工作所具有的主观反映。法官和检察官是司法案例指导制度的实施主体,也是案例意识的主体。当然,案例还有应用场景,广义上,案例意识的主体还包括以典型案例为媒介,接受法治教育的人民群众。案例意识的客体既包括典型案例、指导性案例等,也包括相关案例打造进程中,所经历的一系列流程、动作和举措,反映的是主体对典型案例打造、撰写、运用等过程与结果的心理态度与主观精神。

(三)案例意识培育的现实不足

当前,案例意识的培育和强化还存在明显不足。部分检察人员还没有将案例工作放到应有的地位,没有在完善中国特色案例指导制度,完善中国特色社会主义司法制度的背景下,认识和重视案例工作。案例的培育意识不强,很多有可能成为案例的,没有以打造典型案例的意识去办理案件,致使案件没有办到有指导性、有创新性;案例的撰写意识不强,撰写的规范性不够,结构松散,要素不全;案例的运用思维不佳,没有自觉运行指导性案例进行释法说理的意识,没有积极检索、自觉运用典型案例的意识;在普法宣传和法治服务中运用指导性案例和典型案例的意识不强,学习案例、研究案例的社会氛围不浓;

在参与社会治理进程中,案例的运用和示范意识体现不够明显。

四、深化案例意识培育路径

(一)政治化培育

高度重视案例工作在法治建设、平安建设,推进社会治理体系和治理能力现代化中的作用,落实讲政治、抓业务相统一,在工作中以习近平法治思想指引检察工作新理念,强抓案例意识的提升。自上而下,通过会议或文件的形式,部署案例工作举措,将案例工作任务层层分解落实,拉紧案例工作责任链条,逐步建成案例工作体系,强化案例工作意识。领导率先垂范,以身作则,将案例工作时时抓在手上,强化案例意识的引领。将案例工作作为内部评先评优,职务晋升晋级的重要参考,以案例工作成效体现案例意识,以案例意识的提升作为体现检察队伍业务水平评价指标之一。

(二)教育式培育

把有关案例技能培训纳入检察人员培训规划,把案例意识的提升和案例工作的技能作为教育培训和岗位练兵的重要内容,作为检察人员晋级、入额测试的重要内容,使案例撰写工作逐步成为检察人员履职的必备技能。深入研究案例培训的特点和规律,科学把握案例典型性、规范性、补充性、创新性特征,在事实归纳、规则提炼、典型意义总结、检察机关贡献度等方面,实行针对性训练,特别加强归纳的要素意识、提炼的规则意识、典型的创新意识等训练与养成。要研究成人教育规则与检察培训规律,进一步确立现代培训理念和新时期检察教育理念,突出实战实训的工作导向,突出案例教学、研究教学等方式,加强课程和培训资源建设,不断提升案例工作培训和案例意识提升水平。

(三)实践式培育

案例技能的提升与案例意识的成长有其特有的规律,案例是司法办案实践的直接产物,案例工作直接脱胎于司法办案工作,案例工作能体现出更多的司法实践特征,是案件办理全程的规范化再现。同样,要提升案例撰写水平和案例意识,那就要回到实践中去,回到司法办案中来。要更加注重实践练兵,把案例意识主体放到司法办案一线,承办或参与办理具体案件时,对重点案件实行“一案一总结,一案一提炼”,在实践中观察审视重点案件,强化案件事实的准确表述、案件特点的精准总结,案件意义的准确提炼,实现案件意识的质的飞跃。

(四)宣传式培育

案例意识的培育、案例工作的发展,也在于广大市场需求的发展。随着法治中国、法治社会、法治政府建设的深入推进,人民群众对法治的需求也发生了变化,案例因其故事生动性、要点的直观性、语言的精练性,越来越被学法用法的社会群众所接受,被需要是案例意识发展的重要因素。对广大群众进行典型案例宣传,提升案例工作的影响力,也使检察干警更加注重案例工作,案例意识也得到提升。当然,更主要的是要加强对案例意识主体的宣传,深刻领悟案例工作的巨大意义,在实现个人价值和社会价值的推动下,强化案例意识。探索推动包括检察人员在内的法律职业共同体加强协作,培育生成检察机关与行政机关、公安机关或审判机关联合制发的典型案例,提升法律职业共同体整体的案例意识,推进中国特色案例指导制度不断地丰富和发展。